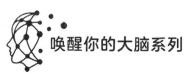

唤醒你的大脑系列

U0105275

SiWei DaoTu

思维导图

让你的学习**更高效**

李华伟　编著

远方出版社

图书在版编目（CIP）数据

思维导图．让你的学习更高效／李华伟编著．——
呼和浩特：远方出版社，2020.11
（唤醒你的大脑系列）
ISBN 978 – 7 – 5555 – 1233 – 2

Ⅰ.①思… Ⅱ.①李… Ⅲ.①思维训练 Ⅳ.①B80

中国版本图书馆 CIP 数据核字（2020）第 150794 号

思维导图·让你的学习更高效

SIWEI DAOTU RANG NI DE XUEXI GENG GAOXIAO

编　　著	李华伟
责任编辑	董美鲜
责任校对	心　妍
封面设计	小徐书装
版式设计	赵艳霞
出版发行	远方出版社
社　　址	呼和浩特市乌兰察布东路 666 号　邮编：010010
电　　话	(0471)2236473 总编室　2236460 发行部
经　　销	新华书店
印　　刷	天津中印联印务有限公司
开　　本	145mm×210mm　1/32
字　　数	169 千
印　　张	7.5
版　　次	2020 年 11 月第 1 版
印　　次	2020 年 11 月第 1 次印刷
标准书号	ISBN 978 – 7 – 5555 – 1233 – 2
定　　价	38.00 元

前　言

　　当人类的脚步迈进 21 世纪的门槛，信息爆炸时代便拉开了帷幕，关于脑力开发的话题也进入了人们的视野。其实早在 20 世纪 70 年代，被称为"世界大脑先生"的英国大众心理学家东尼·博赞就通过《启动大脑》一书向世人介绍了"放射思考"模式的"思维导图法"。

　　作为一种扩展思维的新型学习方式，思维导图是应用于记忆、学习、思考等的思维"地图"。它可以将枯燥的信息变成易于理解的图画，帮助我们扩展思维，让智力得到有效的运作。

　　如今，很多世界 500 强企业在学习思维导图，不管是制订计划、管理项目、组织活动，还是人际沟通、分析问题、准备演讲等，大多用思维导图来解决。所以，微软创始人比尔·盖茨曾说，思维导图将会成为下一个舞台的领导者，未来世界将会由了解思维导图的人来领导。

　　对于学生来说，思维导图是一种很有效的学习工具。相信很多学生有过这样的困惑，比如：每天要记很多单词、语法、范文等，为什么记完很快又忘了？平时成绩还可以，为什么考试时却出现大量丢分的现象？为什么每个学科之间的知识总是处于散乱状态，无法形成知识体系？怎样在快速阅读的同时收获更多？如何提升自主学习的能力？如何才能使学习更高效、更出色……这些问题，通过思维导图都可以进行全新的解读。

由于思维导图简单、实用且有效，目前，新加坡教育部已经将思维导图列为小学必修科目，哈佛大学、剑桥大学等世界知名学府也将思维导图广泛应用于课堂。因为思维导图不像线性思维那么正经、严肃，学生在思考的过程中可以充分利用绘画、符号和拼贴等元素，从而更好地想象自己的逻辑画面，让创意活起来，增加学习的趣味性。

本书编著李华伟，曾任职于三星、诺基亚、西门子公司，多年来深入研究思维导图并走在思维导图教学前沿，在全国进行过多场思维导图课程培训，上万名学员在他的指导下，工作效率和学习成绩得到了显著提升。

也许你曾经接触过思维导图，却苦于无法将它充分利用起来；也许你准备好了迈进思维导图的殿堂，却未能找到入口；又或许你根本不认识思维导图，那也没有关系，本书将引领你与思维导图展开零距离的亲密接触，打开这个能量巨大的魔法盒子。

目 录 | Contents

第六章　伴你成长

——思维导图可以帮助学生以积极的态度面对挫折

第一章
了解思维导图

　　人类大脑的思维形式不是工具栏，也不是菜单，它的思考是有机的，就像一切天然的形体，就像人类身体的循环系统和神经系统，或是树的枝条和叶子的脉络。大脑就是这样思考的。要想有健全的思维，就需要有反映这一天然有机体的工具，思维导图就是这样一个工具。

第一节　什么是思维导图

　　意志、悟性、想象力以及感觉上的一切作用，全由思维而来。

——笛卡尔

　　在所有的生物器官中，大脑的存在最为复杂、特殊和神奇，人类的大脑更是如此。而作为大脑这个神奇载体的产物——"大脑思维"，则是人类赖以生存的核心。每个人的大脑都是独一无二的，就如同世界上没有完全相同的两片树叶一样。大脑的思维潜力几乎是无穷尽的，成功和失败往往没有定式，从来都是思维方式决定方向。

　　思维的诞生在科学上曾经存在过争议，有人认为它是大脑的自然产物。然而，人类是在改造环境的过程中，而非让环境改造或者击败自己的过程中，进化出智力，拥有惊人的思考能力的。在求知、推理以及创造的渴望的指引下，人类历经数万年才得以建造出一个独特的生态世界。并且，这个过程不仅仅体现在人类种系的演化和人类历史的更迭上，个体的发展尤为如此。

那么，大脑与思维之间究竟有着怎样奇妙的联系？思维导图的灵感又是如何在这片沃土上得以孕育的？

科学研究发现，人脑包含大约 1000 多亿个神经元，每一个神经元的周围都有 1000～10000 个突触，与相邻的神经元的突触相交联，它们在脑内"手牵手"传递信息，就如同一张庞大而复杂的神经网络。在单个神经元内，信息是以电信号的形式传输的，然而由于和毗邻的神经元相连的突触之间存在细微的距离，因此电信号需要借助在突触间制造出的一种被称为"神经递质"的化学物质进行传输。

神经元对接收到的信息进行时间和空间上的汇总，同时对位于细胞不同部位的突触输入进行加工，从而决定其输出的强弱，这个过程被称为整合作用。每时每刻，大脑的各种机能都是在亿万个神经元的整合工作中得以延续的。

大脑将信息以类型和关联储存在像树枝一样的突触上，思维导图的结构形式便根植于此，仿照大脑天然的思维方式，有助于建构大脑神经网络功能。并且，我们在绘制思维导图的时候，要经过系统、缜密的思考，此时大脑神经网络中的神经元细胞就会进行相应的连接，这种连接越多、越紧密，大脑的神经网络功能便越强大。

从结构上看，大脑分为左脑和右脑，而这两个半球是以完全不同的方式思考的，拥有自己独立的意识思想链和记忆。左脑具有处理语言，进行抽象思维、逻辑推理、数字运算及分析等功能；右半球则擅长非语言的形象思维和直觉，对音乐、美术、舞蹈等艺术活动有超常的感悟力，空间想象力极强。可见，人的左脑与电脑的 CPU 类似，负责对各种信息进行处理和运算，继而将它们有序地呈现在表意识里；而人的右脑更像电脑的硬盘，能够存储记忆，记录行动指令及声音、画面，甚至情感。

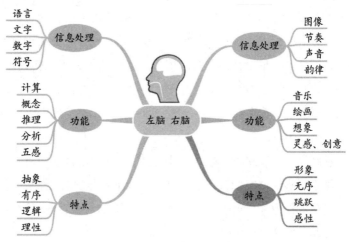

图 1.1　左右脑功能图

　　人的左脑具有强大的逻辑思维能力，这部分能力是容易被人们所感知的。与左脑不同，右脑的感性思维属于潜意识的范畴，虽然无法被人们直接感知，却能够对行动的效果起到决定性的影响。爱因斯坦曾经说过："我思考问题时不是用语言进行思考，而是用活动的、跳跃的形象进行思考。"因此，我们不妨尝试与右脑进行沟通。思维导图就是一种能够充分调动左脑的逻辑思维和右脑的感性思维、形象思维来记录和表达思想过程的可视化工具。

　　此外，大脑的功能存在一个发育和发展的长期过程。一方面，大脑的功能源于每个神经元之间的连接；另一方面，大脑的功能又是在神经网络的建构过程中得以发育和发展的。这个巨大的、立体的、复杂的神经网络不是从一点开始建构，而是始于多处。各自建构具有特定功能的局域网，进而相互汇聚，形成整体神经网络。这与思维导图的结构功能颇为相似。

了解了大脑与思维之间的工作原理，我们知道人类大脑的思维形式不是工具栏，也不是菜单。它的思考是有机的、天然的，和人体的其他系统一样，甚至和植物的茎秆、脉络一样。

一个健全的大脑往往意味着整个大脑系统都能活跃运转——善于记忆、高效思考、创意十足。而要想拥有健全的思维，就需要有反映这一天然有机体的工具，思维导图就是这样一个工具。

从思维导图的雏形第一次朦胧地出现在展示生物分类的"波菲利之树"上，到如今东尼·博赞真正确立了思维导图法，思维导图的演变历经上千年之久。而说起思维导图理论的诞生，还有一段故事。

东尼·博赞自进入英属哥伦比亚大学的那一刻起，就与记忆术结下了不解之缘。他见到的第一位老师是一位脸色阴沉的英国教授，长得"很像一名矮个子摔跤运动员，头上只剩下一缕白发"。令人惊奇的是，这位教授可以记住所有学生的名字。"他能清清楚楚地说出缺课的学生的名字，以及这些学生父母的名字，他们的生日、电话号码甚至家庭住址。说完之后，他看着我们，脸上挂着一丝冷笑。当时我就爱上了记忆术。"东尼·博赞后来回忆说。

下课后，他迫不及待地追上教授寻求答案，但是教授未置可否，这更激起了他的好奇心。终于有一天，这位教授在讲课时说："在我和你们的糟糕关系开始之初，我向你们展示了人类记忆力的神奇力量，但是你们都没有注意到。现在，我要把一些编码写在黑板上，我就是依靠这些编码完成了一次不可思议的壮举……"说完，教授冲东尼·博赞示意，接着把那些编码写在黑板上——这就是教授的"记忆系统"。当看到这个方法时，东尼·博赞"突然感觉自己可以把所有东西都记下来了"。

随后一段时间，东尼·博赞始终沉浸在一种奇怪的感觉里，他第一次感到自己对大脑这台精密机器的工作方法竟然一窍不通。"我去图书馆问管理员：'你能帮我找一本关于怎样利用大脑的书吗？'管理员把我领到医学区。我返回来继续问她：'我不是要找关于大脑怎么运作的书，而是要找怎么运作大脑的书。它们稍微有些区别。'她说：'哦，那应该没有这样的书。'"

后来，教授建议东尼·博赞到古代历史区看看，或许会有一些收获。于是，他开始泡在图书馆的古代历史区，阅读一些有关古希腊和古罗马的记忆术的书籍。他发现大部分伟大的思想家，尤其是达·芬奇，会在笔记中使用图片、代码以及连线。他们信手图画，使笔记更具生气。没过多久，他就可以利用《修辞学》中的地点记忆法和图像联想法来应对考试了。通过这两种方法，他甚至把全部课堂笔记都背了下来。

1966 年，弗朗西丝·叶芝出版了《记忆之术》，这是第一本涉及记忆术丰富历史的现代学术书籍。这一年，东尼·博赞毕业后回到伦敦，担任《智力》杂志的编辑。他还受邀到伦敦东区的几所学校做代课老师。"我当时可是一名很特殊的老师，可以称为'拎着脑袋走天涯'的教书匠。如果哪位老师被学生揍了，我就得代他上课。"因为只是代课，他在每个班级待的时间都不长，所以人们觉得他不可能改变什么。但为了帮助那些所谓的"问题学生"，或许也是为了分散自己过剩的自信心，他开始将自己在大学里学到的古老记忆术运用到教学当中，结果那些学生似乎跟着他一同创造了奇迹。"对于一些从来没有在考试中得过高分的学生来说，这是一次崭新的发现。"

之后，东尼·博赞开始通过新的方式普及这种古老的记忆术，尤其重视将其运用到做笔记的过程中。经过几年的研究，他建立了一套自认为是全新的做笔记的方法和体系，并将其称为"思维导图"。

1971 年，东尼·博赞开始将自己的研究成果集结成书，出版了《大脑及其使用百科全书》，慢慢形成了放射性思考（Radiant Thinking）和思维导图（Mind Mapping）的概念。"记笔记到底是在记什么，我努力尝试寻找其中的本质内容，然后我发现了编码和符号、图像和箭头、下划线和变颜色等方法。"这种方法能够让人拥有把思想组织起来并加以深化提炼的能力，让思绪前所未有的清晰。无数企业和个人从中受益，东尼·博赞也因此被 BBC 誉为"世界大脑先生"。后来，他与弟弟巴利合作，探索了思维导图新的运用领域，如论文写作、教学指导、工作安排等方面。

东尼·博赞给出的思维导图的定义是：思维导图是用于记录发散思维的笔记工具，是一种新的思维模式，它结合了全脑的概念，增强思维能力，启发联想力与创造力。

科学已经充分证明，人类的思维特征是呈放射性的，进入大脑的每一条信息，每一种感觉、记忆或思想，都可以作为一个思维分支表现出来。它所呈现出来的就是放射性立体结构。思维导图恰恰就是一张相互关联的网，看起来很像是带刺的灌木丛或者神经元的突起。它利用色彩、图画、代码和多维度等图文并茂的形式来提升记忆效果，使人们关注的焦点清晰地集中在中央图形上。

此外，思维导图充分运用左右脑的机能，利用记忆、阅读、思维的规律，协助人们在科学与艺术、逻辑与想象之间平衡发展，从而开启大脑的无限潜能。

第二节　思维导图的特点及应用

思维导图，通俗地讲就是把人的思维活动通过图谱的形式输出、表现出来。一个完整的思维导图，包含中心图、线条、关键词、图谱、色彩、结构六大核心要素，同时具有以下几个特点：

①绘制思维导图的时候需要使用带颜色的笔；

②具有从一个中心发散出来的自然结构；

③使用线条、符号、词汇和图像等元素；

④遵循简单、基本、自然、容易被大脑理解和接受的规则。

与传统笔记相比，思维导图的优势在于更加直观，可以使人快速聚焦想要表达和传递的信息本质，从而找到症结所在。正所谓"化繁为简，以简驭繁"，这也是思维导图的核心本质。

前面我们提到思维导图的核心定位是一种处理大脑信息的方法，它可以帮助我们的大脑快速收集信息和传递信息。

1. 收集信息

（1）文字

阅读是思维导图最为传统的应用方向。过去人们习惯性地捧着一本书直接看，这种阅读方式往往容易出现看到一半时前面的内容也忘得差不多的问题，或者大体情节有印象，但对知识的回忆却很困难。

思维导图可以改变我们的阅读方式，化被动为主动，使我们在阅读的同时，带着对内容的理解和分析进行绘图。这样一来不仅能提升我们的专注力，而且在阅读结束时便于我们回忆和复述。下图是一个很好的示例：

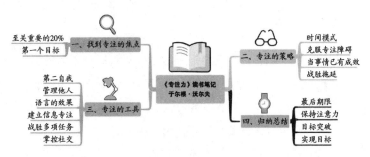

图 1.2　读书笔记示例

（2）音像、视频

与阅读时遇到的问题一样，我们在听课或者开会的时候往往容易出现当时听得很顺畅，但过后回想起来却丢三落四的问题。如果在听课或者开会的时候，能够同步绘制思维导图，将大大提升我们快速分析问题的能力。我们接收的信息越快越复杂，制作的思维导图就越能锻炼我们的大脑识别、记忆、分析和整理的能力。

（3）他人话语

以"头脑风暴"会议为例，开好这种会议的关键在于有一个高效的思维核心人，由他营造一种自由、开放的研讨环境和氛围，并对参会者的思路进行整理和汇总。

这种高效的会议模式能够最大限度地激发每个人的思维能

量，还可以在会议过程中潜移默化地统一团队意识和思维。

（4）记忆

无论是知识点背诵还是工具掌握等，思维导图都能大幅提升记忆的效果，这就是多维联想记忆方法。当我们学习新知识，需要记忆的时候，通常会采用联想和多维记忆来加深对这个知识在大脑皮层的反射刺激。

思维导图发散、多维的特征可以帮助我们实现对事物的关联自然记忆。运用好思维导图，就可以将我们从外界接收到的陌生信号放入大脑记忆最活跃的区域，以便随时提取。

2. 传递信息

（1）文案

创作和书写文案时，利用思维导图可以将我们所要表达的内容在平面上得以展现，更有助于反复修正及自由拓展。

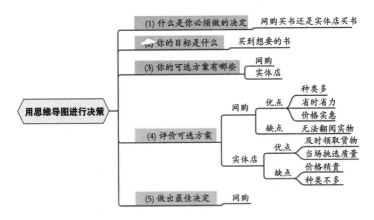

图 1.3　运用思维导图进行决策的过程

（2）计划

统筹日常思维是传递信息的重要应用之一。年度计划、工作计划、学习计划、家庭生活规划等，都能用思维导图来呈现。

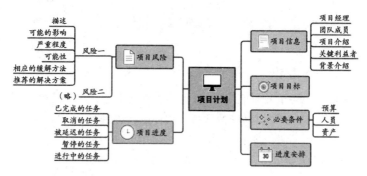

图 1.4　制作项目计划的思维导图

（3）解决问题

无论是在生活中还是在工作中，我们总会遇到棘手的问题。这时我们不妨静下心来，梳理一下事情的脉络，用思维导图把问题呈现出来，进而分析出症结所在。这也是我们与自身对话的一种方式。

综上所述，思维导图是一种能够应用在学习、工作、记忆、思考等中的思维"地图"，它有利于人脑扩散思维的展开。目前，思维导图已经在世界上得到广泛应用，IBM、微软、甲骨文、惠普、波音、通用、强生、汇丰、高盛等世界 500 强企业都将它作为员工培训必修课之一；哈佛大学、剑桥大学等世界知名学府也将其在课堂上予以应用；我国在 20 世纪 80 年代接触到思维导图后，也逐步将其普及和应用。

第三节　如何绘制思维导图

　　刚接触思维导图，很多人可能会觉得有些神秘和复杂，甚至有些匪夷所思，不知从何入手。其实，思维导图没有我们想象中的那么困难，只要认真观察，就会发现思维导图的结构、式样与我们熟悉的城市交通地图类似。我们的核心思想就像是城市的中心，从这个中心发散出来的分支就是你思考过程中的要点，下一个级别的分支则代表重要性低一些的要点，以此类推。其中，我们的兴趣点或关注点可以用一些特殊的图形或标记来表示。而思维导图的绘制过程之所以要用到各种颜色，是因为在确定了中心图形后，有很多从中心辐射出来的分支，颜色可以将一长串单调的信息变成丰富多彩、便于记忆的图画，使它接近大脑平时处理事务的方式。

　　下面我们来看看绘制思维导图需要做哪些工作。

1. 准备工作

　　（1）一张白纸。白纸不能带任何横线和条格，最常用的是A4大小的白纸或者空白草稿本。倘若信息量庞大，也可以选用

A3 大小或者更大尺寸的纸张。

（2）彩色圆珠笔、彩色铅笔、水彩笔或者铅笔数支。彩色圆珠笔、彩色铅笔由于笔尖较细、色彩浅淡，比较适合日常绘制。若需要对外展示，建议选用色彩更鲜明的水彩笔。当然，也可以根据自己的习惯和喜好，在绘制过程中增加一些其他绘制工具，如彩色中性笔、更加醒目的荧光笔、软心笔或者钢笔等。

2. 绘制步骤

（1）从一张白纸的中心开始绘制，周围留出空白。这样可以让我们的思维向各个方向自由发散，并且更自然、自由地表达自己的想法。

（2）用一幅图像或者画面来表达中心思想。图像或者画面远比一张写满字的纸涵盖的信息多，而且图像对人脑的刺激更鲜明，有助于激发我们的想象力，强化记忆，所以应当尽量使用丰富的色彩和贴切的图像来表达主题。

比如，制订阅读计划或国庆出游的思维导图，其中心图可以画成下面这样：

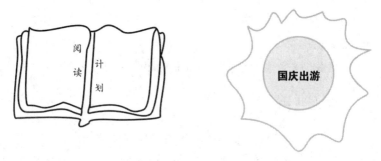

图 1.5　阅读计划和国庆出游思维导图的中心图

如果没有时间绘制细致的图像，也可以直接写出中心词，然后用相应的线条将其圈起来。

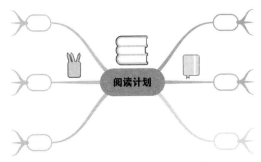

图 1.6　中心词思维导图示例

在中心主题不明确的情况下，也可以直接画一个空心的图形，等绘制完成后再补充。

（3）绘制主干。思维导图需要遵循从主到次、从内到外、从中心到细节的理念。比如，绘制阅读导图，主干可以根据目录来绘制，然后再分析内容。

绘制主干时应注意色彩的选用，建议每个主干使用不同的颜色，以便看清主干的数量。

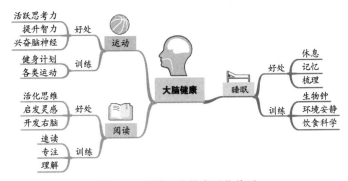

图 1.7　绘制大脑健康思维导图

（4）绘制分支。思维导图的分支如同伸展的树木枝干、叶子，可以无限延展，上面标注关键词或者插图。关键词不能是一句话，需要通过分析和提炼，找出具有代表意义的词语。

比如，"远方的家，飘着饭菜的香气，就像陈年的美酒；传出亲人的呼唤，如同心底的歌谣……"倘若把这句话作为一个分支，字数就太多了，所以需要进行分析，提炼出关键词。

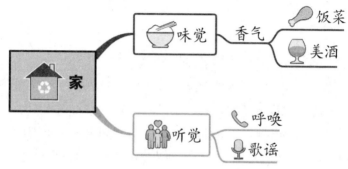

图 1.8　提炼关键词示例

由于每个人对关键词的理解和需求是不同的，所以思维导图的分析方式是灵活的，我们要做的就是找到有利于自己记忆和理解的分析方法。

3. 绘制要点

（1）纸张方向。绘制的时候，可以根据绘制需要来调整纸张的方向，因为有的思维导图适合横向绘制，有的则适合纵向绘制。

（2）主题在中心。从中心点开始思考，不仅符合大脑的思考方式，而且与大自然结构相符。

（3）线条要首尾相连。将中心图像和主要分支连接起来，然后把主要分支和二级分支连接起来，以此类推。大脑是通过联想进行思维的，倘若我们将分支连接起来，就很容易理解和记忆。而在进行连接的时候，也为我们的思维创建了一个基本的结构。这就如同大自然的树木，树枝从树干生出，向四面八方发散，彼此的连接让树木更加坚固。一旦大树的主干与主要分支或主要分支与次要分支发生了断裂，就会出现问题。

（4）色彩的运用。在绘制时，应使用多种颜色。颜色和图像一样可以激发大脑的兴奋度，还能增加思维导图的跳跃感和生命力，让本来有些枯燥的绘制过程变得更有趣味。此外，每个人对色彩的喜好和定义不同，对于具有特殊意义的信息可以根据个人的喜好来选择颜色。

（5）分支用曲线。让思维导图的分支自然弯曲而不是使用直线，因为与直线相比，曲线更能吸引大脑的关注，更容易刺激大脑的记忆能力。

（6）关键词。每条线上都使用一个关键词。所谓关键词，就是表达核心意思的字或者词，可以是名词或者动词。

同时，关键词要具体并有意义，这样有助于记忆。一般以名词为主，动词次之，辅之必要的形容词、副词等。

关键词必须精简，判断原则为：删除它不影响内容理解，就可以省略；删除它会对内容产生误解，则必须保留。

（7）图形的使用。自始至终不要离开图形。思维导图上的每一个图形，就像中心图形一样，相当于1000个词汇。因此，哪怕我们的思维导图只有10个图形，也相当于记录了近万字的笔记。

它不仅能帮助我们更好地记忆，还节省了时间。

4. 绘制技巧

绘制思维导图时，应先从图形中心开始，画一些向四周放射出来的粗线条，每一条线都使用不同的颜色。绘制思维导图的时候，可以添加无数条线，在每一个分支上，用大号字清楚地标上关键词，这样当我们想到这个概念时，这些关键词就会立刻从大脑里跳出来。

要善于运用想象力来改进思维导图。在每一个关键词旁边，画一个能够代表它、解释它的图形。使用彩色水笔以及一点想象，不要追求把它画成一幅美术作品，只要它可以表达我们的思维过程，容易被大脑识别即可。

用联想来扩展思维导图，并且根据我们联想到的事物，从每一个关键词上发散出更多的连线。连线的数量根据我们的想象力和需要来确定。

第二章
学习思维导图的意义

　　在人类文明初期，我们的祖先能够在环境恶劣的自然界中生存下来，并不是因为肌肉更强大，而是因为拥有思维这个神奇的武器。思维伴随人类从远古走到今天，让人类愈发强大。有人说思维是比知识还要重要的东西，因为知识有限，而思维无穷尽。学习思维导图，不仅在记忆上可以让我们大脑里的资料系统化、图像化，还可以帮助我们思考、分析问题，统筹规划。

第一节　增强记忆力

　　思维导图是一种将放射性思考具体化的方法。众所周知，放射性思考是人类大脑的自然思考方式。每一个进入大脑的信息，无论是感觉、记忆还是想法，都能成为一个思考中心，并由此中心向外发散出成千上万的关节点。每一个关节点代表与中心主题的一个连结，而每一个连结又可以成为另一个中心主题，再向外发散出成千上万的关节点，呈现出放射性立体结构。这些关节点的连结被视为人的记忆，或者人的专属数据库。

　　记忆是学习的重要环节，也是巩固知识的重要手段。思维导图创始人东尼·博赞曾提出一个非常实用且有效的记忆方法。该方法共有 12 项原则。把代表这 12 项记忆基本技巧的英文单词的首字母罗列出来，可以组成两个单词——Smashin Scope，中文意思是"全盘利用"。其核心就是充分利用记忆的特点进行联想，从而显著地加深记忆。

　　S（Sensuality）——感觉：视觉、听觉、嗅觉、味觉、触觉、动觉。系统练习、刻意增强和充分利用这些感官的敏锐度，有助于提高我们的记忆力。

M（Movement）——运动：头脑中的图像越立体，运动越多，运动的节奏感及节奏的变化越多，图像就越突出，也越容易被记住。

A（Association）——联想：无论我们想记住什么，必须把它与我们大脑中某个稳定的事物联想在一起或联系起来。

S（Sex）——性：人们对于性相关暗示的记忆力是无可挑剔的，不妨充分发挥其作用。

H（Humour）——幽默：记忆形象越有趣、越滑稽、越荒谬、越不现实，越容易被记住。

I（Imagination）——想象：想象是记忆的源泉，想象越生动，记忆效果就越好。

N（Number）——数字：用数字符号增加顺序和序列法则的特殊性、有效性。

S（Symbolism）——符号：用一个更有意义的形象代替平常的、令人生厌的或是抽象的概念将增加回忆的概率，或者使用传统的符号，如停车标志、电灯泡等。

C（Color）——颜色：如有可能，尽量使用彩虹的全部颜色，从而使我们的想法更加多彩，也更容易记住。

O（Order）——顺序：与其他法则结合，加入顺序可以增加大脑随机存取的能力。

P（Positive）——积极：大多数情况下，积极和令人愉快的形象更容易被记住，因为大脑认为这样的记忆是愉快的。

E（Exaggeration）——夸张：夸大尺寸、形状、声音等，可以增强我们的记忆。

那么，它们与思维导图之间又存在什么联系呢？

比如，人的五感与思维导图的关系，主要体现在手绘上。因为只有在手绘的过程中，人们才会有视觉、触觉、味觉（使用某些带香味的彩笔）等这些感官的体验。而且在画图的过程中，视觉会随着线条的延伸，引导大脑进行相关的思考，协助大脑发现不同分支内容之间的关系，激发创意和思考。在手绘思维导图的过程中，人们看着不同的分支，会自然而然地发现各分支之间的联系，并通过连线、箭头、代码等方式进行标注。由于这些图像都是原创的，而图像是大脑的第一语言，因此手绘更容易激发大脑的联想，这也是记忆的秘诀之一。

绘制记忆思维导图的关键在于找到需要记忆的对象的特点和共性、区别，从而便于在绘制思维导图时设置主干与分支。

比如，要记忆同词根的一些单词：

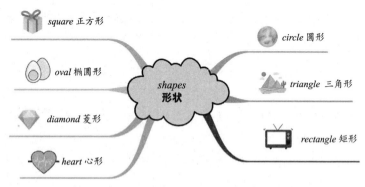

图 2.1　同词根单词思维导图

记忆同类词汇：

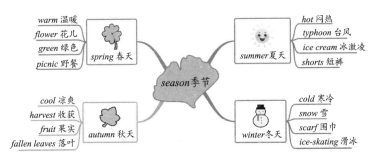

图 2.2　同类词汇思维导图

记忆数学公式：

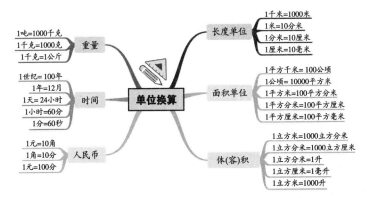

图 2.3　单位换算思维导图

第二节　开发大脑思维

　　人类的大脑就像一座宝库，里面有着无数珍藏，也就是我们过往的经验和知识。当我们需要利用这些"珍藏"的时候，如果采用线性思维，就需要层层探索，这样很容易迷路。而思维导图就像一张地图，不仅引导我们把习得的知识分门别类地放进去，还能够在需要的时候形象且直观地引导我们按图索骥。

　　作为一种思考辅助工具，思维导图将一个核心关键词或想法以辐射线形连接所有具有代表意义的字词、想法、任务或其他关联项目，从而引起形象化的构造和分类，其思考基础来源于发散思维与聚合思维。

1. 发散思维

　　发散思维，又称辐射思维、放射思维等，是指大脑在进行思考时呈现的一种扩散状态的思维模式。它是一种从不同方向、不同途径和不同角度去设想的开放式思考方法。它能使我们摆脱习惯性思维的束缚，产生大量富有创造力的想法，最大限度地释放大脑潜能。发散思维也被视为思维导图的萌芽。

在进行发散思维活动时，每一种想法都要从一个思考核心向外放射，如"一题多解""一事多写""一物多用"等。因此，发散思维更容易抓住细枝末节的线索，进而扩展思路，发掘出事物深层的规律和更多的可能性。

发散思维的特点：

（1）流畅性：流畅性可以使我们在短时间内获得很多思路，产生许多富有创造力的想法。比如，给你一个圆圈，你能想到什么？眼球、足球、珍珠、句号、镜子、篮球、太阳、地球、黄豆、游泳圈、字母O、乒乓球……想到的东西越多，说明流畅性越好。

（2）变通性：变通性要求我们重新审视现有的信息，从不同角度看待问题，找寻同等的替代物。这些同质的替代物可能是类别截然不同的事物。选择变通的事物越多越快，我们跨域转化的能力也就越强。比如，列举报纸的用途，学生可能想到"用来学习""用来包东西""用来引火"等各种各样的答案，这就体现了创造性思维的变通性。

（3）独特性：顾名思义，独特就是指别人想不到的、唯一的、非凡的思维方式。既然是独一无二的，那么它的结果也会是特别的。思维只有建立在流畅性、变通性的基础上，才能保证其独特性。如果说流畅和变通是实现发散思维的具体途径，那么这些途径最终的实现结果就是独特性。因此，只有当我们获得了很多方案时，才有选择的余地，才能从中筛选出更有创造力的思维方式。

（4）多感官性：在进行发散思维的过程中，不仅需要视觉思维和听觉思维的参与，还需要充分调动其他感官对信息进行收发和加工处理。

此外，另辟蹊径的新观点也是发散思维的必然要求。发散思维的特点决定了要突破现成、固定答案的瓶颈。

那么，如何培养发散思维呢？

（1）充分发挥想象力。想象力与思维能力是密不可分的，想象是人脑创新活动的源泉，联想使源泉汇合，而发散思维就为这个源泉的流淌提供了广阔的通道。只有思想不被凝固和限制，才能设想更多的可能性。

（2）不仅要熟悉知识的纵向联系，而且要熟悉知识的横向联系、逆向联系，从而做到举一反三，以少见多。

（3）淡化标准答案，启动多向思维。解决问题时不要陷入常规的思考模式，不妨尝试用代入式的方法看问题，视角不同，收获也会不一样。

（4）结合逆向思维进行推演。可以通过不同的途径、方向，以全新的视角去探索和调配信息。

2. 聚合思维

聚合思维，又称求同思维、辐集思维或者收敛思维等。它是一种从不同来源、不同材料、不同方向探求一个正确答案的思维过程和方法。思维方向集中于同一方面，即向着一个相同的目标去思考。它是以问题的条件、前提与某一答案联系为基础的，因而也是一种综合性思维。

与发散思维从中心点向周围放射不同，聚合思维是在众多的现象、线索、信息中，朝向核心思考，根据已有的经验、知识或发散思维中针对问题的诸多方案中，筛选出最佳结论或者解决办法。换言之，就是在思维的广阔性基础上，找到复杂问题的本质，从而聚焦源头，找到答案。

聚合思维的特点：

（1）封闭性：将许多发散思维的结果从四面八方汇聚到一起，筛选出一个合理的答案。

（2）连续性：聚合思维的过程是环环相扣的，具有较强的连续性。

（3）求实性：聚合思维对发散思维的结果以切实性为标准进行有效筛选，按照实用标准来决定最终方案和构想。

（4）聚焦性：聚合思维会围绕问题进行反复思考，有时甚至停顿下来，使原有的思维浓缩聚拢，形成思维的纵向深度和强大的穿透力，在解决问题的特定指向上思考，积累一定量的努力，最终实现质的飞跃，顺利解决问题。

通过多角度透视找到问题的症结并解决它，是聚合思维的要旨。要做到这一点，需要培养专注力，养成围绕某一问题进行长时间思考和打破砂锅问到底的习惯。

在运用聚合思维法的过程中，首先要掌握各种有关信息；其次对掌握的各种信息进行梳理，探寻它们的共同点，发掘事物的本质；最后客观地、实事求是地得出科学结论，获得思维目标。比如，对猫、兔、虎、猴等动物进行比较后，抽象提取出它们的共同特征是"有毛、胎生、哺乳"，在思想上联合起来就会形成"哺乳动物"的概念。

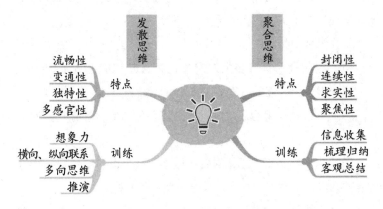

图 2.4　发散思维与聚合思维的区别

综上所述，发散思维的原理是"从一到多"，聚合思维则是"从多到一"。有人将它们分别比喻为"望远镜"和"显微镜"：发散思维像望远镜，能让我们看到很多事物、很多可能性，从而有更多的选择；聚合思维则像显微镜，让我们深度聚焦到某一个细节，看得更清楚一些，从而发掘事物的本质。

尽管这两种思维方向不同、作用不同，但在实际的思维活动中，它们彼此结合、相互补充。思维导图恰恰是这两种思维活动的外在表现工具，鼓励人们进行全方位、多角度的思考，进而在清理和筛选信息的基础上，获得正确的思维结果。

倘若我们将思维模式按照一定的维度来划分，又可以分为垂直思维和水平思维。

1. 垂直思维

垂直思维在生活中应用得较多，它是以逻辑与数学为代表的传统思维模式。这种思维模式最根本的特点是，根据前提一步步地推导，既不能逾越，也不允许出现步骤上的错误。最典型的例子是数理化等自然科学，因果关系非常清楚，逻辑性强，是一种线性关系，不会有什么偏差。但在现实生活中，一个问题可能有多种答案。比如，从 A 地到 B 地的路线会有好几种选择，最短的直线距离不一定就是最佳行程，因为还要考虑堵车、路况等因素。

垂直思考法的优点是比较稳妥，有一个较为明确的思考方向。但是在现实中，往往一个问题有多种"可能"的答案，评估这些答案很难用对错来下结论。比如书法艺术，不同的书法家书写相同内容的字帖，很难说谁的最好，谁的不好。这种现象在现实生活中是很常见的。

2. 水平思维

与垂直思维不同，水平思维不是按照逻辑或者步骤一味追求结果、目标或正确性，而是在水平的维度上探索更多的可能性。关于水平思维最简单的描述是："你不能通过把同一个洞越挖越深，来实现在不同的地方挖出不同的洞。"它关注的核心在于如何提出新创意、新观点和新想法，是一种很好的拓展思路的思维模式。

"水平思维"理论的创立者爱德华·德·波诺教授曾给一群孩子出了个题目：如何测量一幢高楼的高度？孩子们纷纷举手发言，有的说可以从最高一层放下一根绳子着地，再量一下绳子的长度就知道了；有的说只要量一层的高度，再乘以层数；还有的说可以用几何方法；等等。这时，一个孩子忽然说，可以把房子推倒在地上量。大家一听都笑了，但爱德华·德·波诺教授却肯定了这个想法，认为这才是别出心裁，而别的方法都没有超出常规。当然，房子是用不着推倒的，只需要稍加修改测定方法——在距房子10米的地上画一个白点，然后把房子和白点拍在一张照片上，在照片上用尺一量，马上就可以算出房子的高度。这不就产生了一种新的测量高度的方法吗？由此可见，水平思维就是提倡我们从常规思路中走出来，寻找新的思路。

表2.1　垂直思考法与水平思考法的区别

垂直思考法	水平思考法
选一个最有利的解答方式、最好的观察角度	即使在最有利的方法出现之后，还是要全力想出不同的方法
我知道我在找什么	我在找，但在找到之前，我不知道我在找什么
分析、选择、寻求判断、证明	创造、触发、探寻、引发新想法
序列式	跃动式
排除无关的项目	迎接突发的干扰
依循最可能的途径	探索最不可能的
至少有一个答案	可能没有任何答案，只能提高获得答案的概率
有利于发展既有的点子	有利于产生点子
寻找答案	寻找问题
建立连续性	刻意引进不连续性，避免显而易见的想法

综上所述，垂直思维往往涉及逻辑联想，需要给予一定的目的，遵循一定的逻辑关系进行深入联想，从而达成结果；而水平思维则会引发自由想象，甚至是天马行空的想象，不需要遵循逻辑，也没有特定的目标，这种想象往往能够获取更多的可能性，发现更多的灵感。思维导图的特点恰好可以融合两者的优势，从而使思考的过程更加简单、高效。

下面我们来看一个关于发挥想象力、开拓大脑思维的小故事。

英国著名发明家瓦特成长于苏格兰一个叫格林诺克的小镇，当时是 18 世纪，仍是依靠生火烧水做饭的年代。对于每天习以为常的做饭过程，没有人会去特别留意，但小瓦特却特别好奇。他经常在厨房里看祖母做饭，火炉上长年累月地烧着一壶开水，每当开水沸腾时，壶盖就会一直跳动，发出咕咚咕咚的响声。小瓦特感到很神奇。他观察了半天，还是想不明白其中的道理，于是开口问祖母，为什么壶盖会一直跳动？

祖母不以为然地回答说："水烧开了，所以它一直跳。"

小瓦特显然不满意祖母的回答，又追问道："为什么水开了，它就会跳？有什么神奇的力量在推动壶盖吗？"

祖母哪里知道其中的缘故，而且她忙着做家务，没有时间理会小瓦特，便对他挥挥手说："小孩子问这个做什么，到别的地方玩去吧，我忙着呢，这种小事没什么可大惊小怪的。"

小瓦特郁闷地离开了，但他心里一直对这件事念念不忘，决心继续观察，找到答案。接下来的几天，每当祖母做饭时，他就站在火炉旁边细心地观察烧水壶，起初壶盖没有任何动静，烧了一会儿后，水发出咕咚咕咚的响声，烧开后，壶里的水蒸气直冒，震得壶盖不停地跳动。

小瓦特聚精会神地看着，这个发现让他高兴得几乎叫出声来，于是他把壶盖揭开又盖上，观察前后的区别。除了壶盖，他还找来杯子、勺子遮在水蒸气冒出的地方。经过反复验证，他终于弄明白了，壶盖跳动是由沸腾的水蒸气推动的。他不由得感叹，原来水蒸气的力量这么大。

瓦特想象着这样的画面：如果能制造一个大炉子，再用一个大锅炉烧开水，产生的水蒸气肯定会大几十倍甚至几百倍，从而可以推动更重、更大的物件。水蒸气推动壶盖跳动的物理现象给了他很大的启示。长大后，瓦特在工作中接触到了很多以蒸汽作为动力的机械，对蒸汽机产生了浓厚的兴趣。此后，他不断发挥自己的想象力，对现有的蒸汽机不断进行改良。1769 年，瓦特在大量试验的基础上，制造了一台单动式蒸汽机，并获得了第一台蒸汽机的专利权。

到 19 世纪 30 年代，蒸汽机走向了全世界，人类社会从此进入了"蒸汽时代"。

我们可以用一幅思维导图来展现瓦特改良蒸汽机的过程，进而了解开拓思维的重要性。

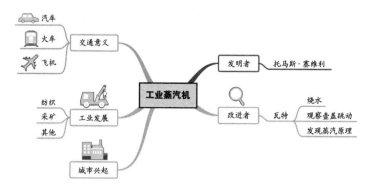

图 2.5　蒸汽机发明过程

第三节 提高效率

1. 课堂笔记

学习离不开思考，脱离了思考的学习，既感受不到学习的乐趣，效率也不高。而学习的本质就是由不会到会的过程，只有掌握了好的思考方式、恰当的思维方法，才能达到事半功倍的效果。其中，学会记笔记，善用笔记，是很重要的一个环节。

我们从上学开始，就被老师或者父母告知上课时需要做笔记，这是一种不可缺少的学习手段，既可以训练我们的语言转化能力，还可以提高我们吸取、归纳有效信息的能力。在做笔记的过程中，我们的书写技巧和记忆力会得到锻炼。做笔记是一种手脑并用的学习途径，对日后的复习和回顾更是意义重大。

尽管科技的发展引发了信息革命，但笔记本身并没有发生本质的变化，只是笔记的载体变得多样化了。无论是传统的纸质笔记，还是通过电脑、手机记录的笔记，都需要采用好的方法来快速、高效记录。

那么，我们应该如何做笔记？怎样的笔记方式才是合理和科学的？一般来说，人们的笔记形式主要有 3 种：一是直线模式，主要依靠文字语法、线条和层次顺序；二是符号模式，包括字母、数字和单词；三是提取模式，将学习内容加以分析提取，单独进行标注。有的学生甚至只会照抄老师写在黑板上的知识点作为笔记内容。

传统的笔记方式是否真的适合每一个人？我们能否在传统的笔记方式上有所改进？要想获得更有效、更科学的笔记方式，就要从传统笔记的缺点开始进行分析。我们已经知道，人脑分为左脑和右脑，传统的笔记方式一般是密密麻麻的文字记录，很少采用彩色笔进行重点描画。它对于知识点的提取是僵硬的，整个笔记过程只利用了左脑的逻辑分析功能，而主要负责颜色、音乐、想象、空间感觉、直觉、图形等活动的右脑则没有得到有效的利用。

这种单调的笔记形式对我们的大脑没有视觉冲击力，烦琐的文字对我们的记忆系统来说也很吃力，每次翻开笔记便等于重新阅读，对于知识点的提取不够明确和一目了然，也限制了大脑的创造力和想象力。

另外，我们在复习笔记内容时，还会因为文字的繁多而产生走神、大脑短暂性空白和犯困等问题。许多学生在做笔记的过程中忙于听和写，没有真正地去思考和消化知识点，找出其中的关联和规律。

作为一种可视化的工具，思维导图可以解决传统笔记枯燥、难以记忆、低效的缺点。在绘制思维导图的过程中，学生不会错过任何一个重点，并且能以丰富的颜色和图像在视觉上给予大脑强烈的冲击，有效地锻炼学生的空间想象能力和联想能力。尤其是思维导图这种放射性的绘制方式本身就具有开放性，便于学生随时在笔记中添加、补充知识点和信息，极大地展示了学习思考的过程。

那么，思维导图在提高学习效率方面有哪些具体的作用呢？下面我们来一一列举：

（1）知识点一目了然。

（2）可以节约复习时间。

（3）记忆相关的知识点可以节省时间。

（4）阅读相关的关键词可以节省时间。

（5）条理清晰，各分支的关键词有着明显的逻辑关系。

（6）举一反三，在绘制的过程中不断有新发现、新创造。

（7）灵活组合关键词，发挥大脑的想象力。

……

综上所述，思维导图能让我们的左脑和右脑进行快速交流，在它们的互相配合下，大脑会得到平衡发展，最大限度地发挥自身潜力，还可以有效地提高我们听课的效率，理清思路，把握重点。同时，其归纳和总结的过程，使知识得到深刻理解，更容易被记住。

下面是一位同学绘制的数学笔记思维导图：

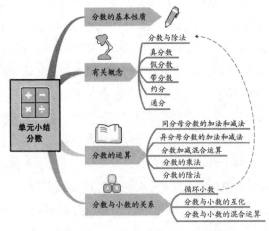

图 2.6　单元小结——分数之思维导图

可以看出，用思维导图做笔记与思维导图的绘制原则基本一致，都是建立在对目标知识的阅读、理解和分析上，进行归纳和总结，提取关键信息、关键词，再找出每条主要信息所对应和涵盖的知识点。

2. 学习计划

在繁忙的学习生活中，学生们的压力是普遍存在的。他们每天早上一睁眼，就要匆忙赶往学校开始一天的学习，各科老师接连登场，一堂接一堂地上课，课间休息时间不长，无法有效地吸收、归纳老师讲授的知识点，一天下来，感觉就像在走马观花。

结束了白天紧张的学习后，中学生还要写作业、做试卷，晚上本该是复习、梳理白天功课的好机会，但有的老师不会放过这个机会，特别是临近高考的班级，经常会发放练习试卷。而当真正有时间静下心来复习时，发现每一本教科书都写满了密密麻麻的文字，就连笔记本上也是如此。理科的公式公理、文科的古文诗词、英语单词……面对繁多的知识点，很多学生感到无从下手，这是因为大脑短时间需要接收的信息太多，无法有效地进行处理。

这个时候，如果运用思维导图来制订学习计划和复习计划，便可以大大减轻学习负担。运用思维导图可以进行学习规划，如学年计划、学期计划、月计划、周计划，甚至具体到订立每天的学习计划。学习规划可以让学生随时了解学习情况，跟进学习进度，灵活运用学习方法，并且可以根据实际情况随时进行调整，不断地完善学习计划，从而做到合理安排时间，提高学习效率。

这个方法之所以有效，主要有两个原因：

一是写下来，心里才会清楚。我们心中总会有一些期望、侧重、关注的东西，但是有时思路很乱，放在心里，感觉像迷雾一团，这时只有写下来，才能让它们现形。

二是画出来，整体才能展开。有时直线思考不够全面，并且会缺失一些重要的关联，而画成思维导图，有助于我们思考时多转几个弯，看出整体计划的缺陷，或是看出彼此路线的相关性，进而做出相应的调整。

下面以学习计划为例展示一幅相关的思维导图：

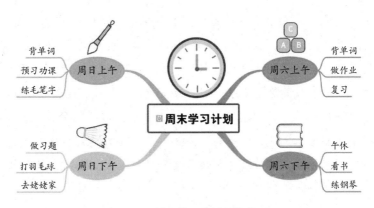

图 2.7　制订学习计划思维导图

一个周全、成熟的学习计划是实现学习目标的基础和保证。它既能提高学习效率、节省时间，还能帮助我们养成良好的思维习惯和行为习惯，把该做的事情都做好了以后，自信心也会得到提升。

　　如果你也厌倦了一成不变的学习形式，可以试着从制订学习计划开始，绘制一幅属于自己的学习计划思维导图。画完后，你可以把它贴在卧室的床头或者书桌上，拿出毅力和实际行动去执行。

第四节　使生活井然有序

让大脑更高效、更简单地处理各种信息，正是思维导图的优点所在。利用思维导图，我们可以把杂乱无章的信息变成容易记忆、思路清晰的图画。这种方式与我们大脑的信息处理方式高度契合。

对于学生来说，思维导图可以帮助他们制订日常计划、分析问题、增强组织能力和沟通能力、管理好个人事务，使他们的日常生活变得丰富多彩、井然有序。

1. 自我分析

自我分析，是指对自我理性、深刻、全面的分析。它比自我介绍更深刻，同时又包含自我评价的内容。古人曰："知己知彼，百战不殆。"因此，"知己"应是首要任务。进行自我分析对每个人来说都是非常必要的，人在不断地变化、进步，自我分析也应该不断地更新。

运用思维导图进行自我分析，可以站在一个旁观者的角度，深入探索自我，客观观察自我。

那么，孩子们应该如何正确评估自身及进行自我分析呢？

要正确评估、分析自己，就要具有良好的自我认知能力。自我认知能力是指一个人对自身的生理、心理、理性和社会自我等方面的认识。生理方面，主要指对自己的身体状况、相貌甚至身体缺陷的认识；心理方面，主要指对自身的优缺点、兴趣、能力、性格、意志、思维等方面的评估与判断；理性方面，主要指通过家庭环境、学校教育、社会教育和学习认知而形成的理性人格，包括自身的思维方式、道德、智商及情商等因素的评价；社会自我，指清晰地认识到自己在社会上所扮演的角色及在社会中的责任、权利、义务等。这些都可以在思维导图上一一表现出来。

在绘制自我分析的思维导图之前，需要准备一张白纸和一盒彩绘笔。首先在白纸的中央画一个人像代表自己；其次从这个人像向周围扩散，并根据生理、心理、理性、社会自我划分为4个范围；最后开动你的脑筋，在每一个范围内写出与自己相关的所有特质，并将你想到的特质与中心人像做连接，如家庭背景、性格、兴趣、梦想、短期规划、长期目标、学习成绩、希望考上哪所大学、学习上的不足、自己与父母的沟通、在学校的人际关系等。在列出这些特质的同时，你还可以给出该特质的具体图像的表达，如"兴趣"后面画上一本书来表示自己喜欢阅读。

另外，在绘制自我分析的思维导图时，应尽可能找一个相对舒缓的环境，如安静的卧室等，这样能够放松身心，使大脑全神贯注地进行思考和联想，也更利于做出深刻、系统、有参考价值的思维导图。

注意，画图时不需要将图像描绘得过于精美，能够画出关联的事实、实质的想法，把两者无缝连接，让思维导图顺着思维"开花"，才是其精髓所在。如果过于追求美观，就犯了本末倒置的错误，使我们在绘图的时候束手束脚，不能尽情发挥。此外，制作思维导图需要大量的绘制练习，勤动手、勤动脑是必不可少的。

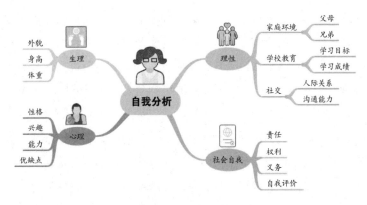

图 2.8　自我分析思维导图

通过绘制自我分析的思维导图，我们可以理清生活和学习的重点，更加有序地去管理生活中的各种事务，进而全面而真实地反映自身状况和个人能力，获得关于自身的客观认知，从而避免做出一些错误的、偏离实际需求的选择，使计划能够顺利进行。

2. 转变思维

人与人的差距，更多地体现在思维方式上，每件事情若想尽可能做到周全、有效率，必须从转变思维习惯开始。一般来说，大多数人的思维是定式的，这是指大脑固有的思维模式，它有两个特点：一是结构形式化，二是思维惯性化。

简单地说，就是人们习惯用以往常用的思维方式来看待和解决问题。它有积极的作用，也有消极的作用。积极的方面是可以快速解决问题，比如在解决经常遇到的同一类型的习题时，练得多了，了解题型和熟悉公式，下次碰到马上就会做了。消极的方面是容易僵化思维，如当条件改变或新旧交替时，又会成为发展的主要障碍。

在处理复杂的信息时，思维导图能使我们的大脑变得更清晰。思维导图是思维与表达的重要桥梁，能够卓有成效地提高我们解决问题的效率，改变我们僵化的思维习惯。

下面我们来看一个小故事。

陈冰和李军同时受雇于一家超级市场，从最底层的搬运工干起。不久，陈冰受到店长的青睐，从搬运工提拔到领班再提拔到副店长，可谓扶摇直上。李军则像被人遗忘了一般，还在做着辛苦的搬运工。他非常嫉妒陈冰，认为自己并不比他差。终于有一天，李军忍无可忍，向店长提出辞呈，并控诉他用人不公平。店长耐心地听完李军的话。他了解这个小伙子，工作兢兢业业、吃苦耐劳，但他似乎对自己的缺点一无所知，应该怎样让他看到自身的不足呢？如果贸然让他走人，他是不会服气的。

店长考虑再三，想到了一个好主意。"小李！"店长说，"我给你一个机会证明自己，请你马上到集市去，看看今天有什么卖的？"李军应声而去，并以最快的速度从集市返回来向店长报告："刚才集市上只有一个农民拉了一车土豆来卖。""哦？那车上大约有多少袋，多少斤？"店长问道。李军又跑出去，回来说有10

袋，重 100 多斤。"价格是多少?"李军再次跑到集市上，回来时已经是气喘吁吁、满头大汗。店长对他说:"你休息一会儿吧，你不是不服陈冰吗? 现在你可以看看他是怎么做的。"

说完，店长叫来陈冰，对他说:"小陈，请你马上到集市去，看看今天有什么卖的?"陈冰接到任务后便出发了。从集市回来后，他有条不紊地对店长汇报:"到现在为止，只有一个农民在卖土豆，一共有 10 袋，重 100 多斤。我觉得价格适中，质量也不错，带回来几个让您瞧瞧。这个农民还告诉我，他过一会儿还要拉几筐西红柿来卖，西红柿的价格还算公道。我查看仓库时，发现西红柿不多了，有必要进一些货，所以也带了几个西红柿样品回来，而且我把那个农民也带来了，他现在正在外面等回话呢。"

陈冰的一席话让旁边的李军目瞪口呆，他不由得脸红了，同时也明白了，陈冰正是因为头脑灵活、考虑周全，不拘泥于条条框框，才在工作中获得了成功。

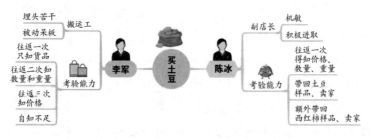

图 2.9　打破思维定式之思维导图

由此可知，真正决定我们走多远的，是我们的独立思考能力。我们应该养成勤动脑、积极思考的良好习惯，增强独立思考、随机应变的能力，拓宽思维格局。只有跳出固有思维，对事物进行细心观察、思考和总结，才能及时发现差距，迎头赶上，这也是思维导图一直倡导的学习方式。

3. 做事有序

在建立一个新的目标或者筹划一个新的活动时，我们应该如何让事情能够顺利进行？拥有一个清晰的、灵活的头脑，实行计划时才会有始有终，得到一个相对完美的结果。试想一下，如果一个学生正在准备月底的模拟考试，这么多的学科和复习重点，他应该怎么合理安排？如果他做事没有明确的目的性和针对性，在同样的复习时间下，很有可能白白浪费精力，导致考试成绩不理想。下面，我们通过一个例子来看看什么是做事有序。

2019 年的北京世界园艺博览会（简称"世园会"）正在如火如荼地举办中。正值"五一"假期，乐乐的父母准备带他去参观游玩。在父母的引导下，乐乐在出发前一天利用思维导图做了一张游览攻略，并和父母讨论了具体的参观路线。虽然只有短短一天时间，但因为他们准备充分、灵活运用各种资讯和工具，一家人玩得很开心。

也许你会怀疑，难道出门游玩也适合做思维导图吗？是的！思维导图适用于生活中的方方面面，小至整理卧室，大至参加演讲、考试。只要掌握了思维导图的精髓，我们都能准确地把所需要的信息梳理出来。

每年的寒暑假，很多家长计划陪孩子出门游玩，正所谓"读万卷书，行万里路"，旅游对孩子来说是一个探索世界的机会，不仅能开阔视野、体验不同的环境，还能增强体质、和谐亲子关系。不过，大多数情况下，出门前的筹备工作都是父母在做，很少让孩子参与进来。其实，这是一个培养孩子独立自主能力的绝佳机会。

出行要注意的事项很多，以世园会为例，其会场占地面积达960公顷，有大大小小上百个展览馆，规模宏大，游览人数众多。如果想游玩愉快，从网上资讯、出行时间、天气情况、交通工具到参观路线等，都需要周全的安排。随心所欲、一时兴起只会让我们面临多种突发状况，导致出游计划受到影响。这时，思维导图就可以帮助我们轻松解决问题。

在绘制出行思维导图时，我们需要做的是梳理各种信息，并决定它们的排列顺序。确定好顺序后，以"世园会出游计划"为中心，向四周发散，明确主要分支，每个分支都使用不同的颜色进行区分，继而标注好序号，并将自己的想法转化成文字和图案，接着填写好分支之间的内容，注意前后顺序和逻辑。这样，一幅简单明了的思维导图便完成了。

按照这种方式，无论多么烦琐的信息、多么艰难的问题，都将被一一解决。

图 2.10　世园会出游计划思维导图

家长可以参考上面的思维导图，列出大概的框架，让孩子自行思考后，填上旅行所需的物品。填好后，家长与孩子一起检查、讨论，看是否有遗漏。

通过准备的过程，可以充分锻炼孩子的自主意识，增强其责任感，还可以让孩子明白，生活是不能置身事外的，想要获得幸福、愉悦的体验，需要相应的付出。

另外，学校经常会组织学生进行课外活动或学习讨论会，这时思维导图也能派上大用场。

课外活动或讨论会一般比较注重组织过程和活动流程，其主体和目的是明确的、单一的，思维导图可以将活动流程变得清晰、具体。比如，在小组讨论会上，同学们众说纷纭，讨论没有目的性和针对性，更不用说提出好的意见，最后不但没有解决问题，反而浪费了时间。这时，如果能够运用思维导图，事情将会变得简单而有序。讨论会的主持者可以将黑板或者投影仪当成白纸，以思维导图的基本形式，写下讨论的主要议题，如活动的目的是什么、活动要达到什么效果、活动主题提炼，让参与者事先了解讨论的内容，才能有的放矢。

主持者还可以在每个人陈述完自己的观点之后，将所有的意见一一写在思维导图上，集思广益。然后，要求大家总结发言的重点，并指出观点是来自思维导图的哪个分支，与讨论会的主题有什么关联等。

思维导图是处理大量烦琐信息的一种强有力的工具。在讨论会上，这种形式可以强化参与者的记忆，加强讨论主旨的内在联系。人们在讨论的过程中可以更加了解自己在参与什么样的讨论内容，而不是被动地接受宣布，得出结论。

总的来说，在讨论中使用思维导图的好处如下：

（1）可以完整地记录每个人的观点；

（2）保证信息的全面性；

（3）群体意见可以得到充分展现；

（4）可以紧紧围绕主题和发言展开，不轻易跑题；

（5）讨论结束后，每个人都可以记录下自己的思维导图，印象更为深刻；

（6）提高参与人员的积极性。

第三章　点石成金
——思维导图可以帮助学生学好各门功课

当我们学习或阅读的时候，经常会感觉思维混乱，或者看完一本书也不知道从中吸收了什么养分，这时就很有必要建立学习的思维导图。绘制一张简单易懂的思维导图，可以帮助我们在文字密密麻麻的课本中提取重要的知识点，梳理其中的逻辑关系。每一个分支的要点都能通过图像的方式一目了然，加深对知识的理解，提升学习效率。

第一节　语文

　　语文是基础教育课程体系中必修的一门学科，也是学好其他学科、获得知识的必备技能，但它也是最容易被忽视、在短时间内很难提高分数的学科。在基础教育阶段，语文能力的学习基本遵循"字—词—句—篇"这一学习规律。将思维导图引入语文教学，有助于学生理顺这一学习规律，循序渐进地进行学习。

　　也许有人会问，思维导图对于学习数理化非常有用，是因为它能够有效地解决学科的知识结构和改善大脑的思维模式，但文科的知识体系相对不严密，很多知识点都需要靠背诵或者靠语感来掌握，思维导图能帮助我们吗？答案是肯定的，利用思维导图学习语文有以下好处：

　　（1）开拓学生的抽象思维，构建系统而全面的知识体系网络。以低年级的学生为例，他们的思维模式主要是形象思维，对于抽象思维和逻辑性强的阅读材料和知识难点，较难从整体上去把握。而思维导图可以通过图形、符号、曲线、色彩等方式将复杂的知识体系以结构图的方式表现出来，简单来说，就是将抽象的文字概念转化成可视化图像。这样做的好处是，课文的主要结构和层次可以通过思维导图直观地显示出来，易于学生把握。在课文的学习上，学生可以从文章的段落、结构和中心思想进行分析和提炼，有利于加强学生对相关概念的认识与理解，从而开发抽象思维能力。

（2）有效提高学习的自主性、探索性和协作性等。思维导图注重思维的放射性，它是按照人类大脑的思维方式对外界事物进行发散和联想，以想象力为媒介，以追求的事物为中心点，向四周延伸出各种分支。在这样的模式和概念下，它可以有效地调动学生的观察力、想象力和逻辑思维能力，提高学生分析问题、解决问题的能力和创新思维。

（3）加强学生对课文的理解与记忆。利用思维导图来解析课文时，是以课文的中心思想为核心，把重点内容提炼成关键词。这些关键词就是思维导图的节点，通过有序梳理及上、下文联系，将知识点以节点和连线的方式一一串联起来，向外一层层地扩散，化繁为简，避免了文章信息在大脑内的杂乱无序。但是，关键词往往不易理解，因为它的概括性很强，概念比较抽象，而思维导图的图像化特点可以有效地解决这个难题。关键词和重点词汇通过可视化图像的强化后变得更直观、更形象，帮助学生加强理解，在理解的基础上更好地记忆。

（4）增强提炼关键词的能力。简单来说，绘制思维导图的过程就是提炼文章重点内容的过程。因为在绘制思维导图时，需要重复阅读课文来掌握和推敲关键词，这是一个重要的累积过程。经过深入阅读后，学生不仅可以提高阅读能力，对关键词的把握能力也会得到相应提高。以小学语文为例，在阅读课文的时候，我们首先要明白课文讲的是什么。比如，《春夜喜雨》：

好雨知时节，当春乃发生。
随风潜入夜，润物细无声。
野径云俱黑，江船火独明。
晓看红湿处，花重锦官城。

这首诗由唐代诗人杜甫所作，通过描写成都夜雨的景象，赞颂了滋润万物的春雨。全诗不露喜字，却又始终充满喜意。显然，诗人的这种感情的产生绝不是出于一时的冲动，而是有其现实基础。根据《资治通鉴·唐纪》记载，在杜甫创作此诗的前一年，京畿一带出现了严重的灾荒。久旱逢甘霖，杜甫一听到雨声就感到无比喜悦，反映了他关心百姓疾苦的崇高思想感情。同时，这又是一首哲理诗，其中的"随风潜入夜，润物细无声"一句有着潜移默化的意境。我们可以将"春雨"作为中心词，发挥想象力，从不同角度来概括春天的美好，通过绘制图画，更能深刻地感受到诗文的内涵和作者的情感。

1. 思维导图与汉字

在小学语文的学习阶段，学生的主要任务就是汉字的学习，包括读字音、辨字形、解字义。目前，《新华字典》里约有10 000个汉字，其中字音相同、字形相似、字义相近的汉字不胜枚举。如果采用传统的学习方法，学生容易产生畏难情绪，而利用思维导图来学习汉字，可以有效地帮助学生记忆和理解汉字的字音、字形和字义，其可视化图像形式对汉字的学习具有促进意义，能够把复杂的汉字变得浅显易懂。

对于低年级的学生来说，拼音学习十分重要。学生要逐渐学会拼读，如声母、韵母、整体认读音节结合起来的各种音节，约有数百个。除了反复认读之外，家长可以辅助孩子利用思维导图制作一个音节表，按照自己的需求分门别类地进行划分，如翘舌音、平舌音、鼻音、前鼻音、后鼻音等，边看思维导图边练习拼音，使孩子逐步掌握拼读。

以小学语文一年级上册的教材为例，在《口耳目》一课的学习中，课文配上了形象生动的图片和拼音，学生可以通过观察图片和拼读音节，认识象形字在汉字演化中的发展历程，充分了解字音、字形和字义。课文的配图相当于简化的思维导图，如果想要系统地吸收知识，不妨制作一个具体的、详尽的思维导图，把知识点罗列在一起，方便练习和复习。

具体来说，在汉字的学习方面，思维导图主要有以下几种：

（1）大括号图

括号图在思维导图中运用十分广泛。在这里，它适用于汉字中的同音字辨析，表示的"整体—部分"的逻辑关系。同音字在汉语拼音中数量繁多，如何区分和辨析它们，对于低年级的学生来说并不容易。但是，借助括号图可以轻松地解决这个难题，我们只需将相同的音节当成整体，然后绘制在中间，将形、义不同的字当成部分，分别绘制在左、右两侧。

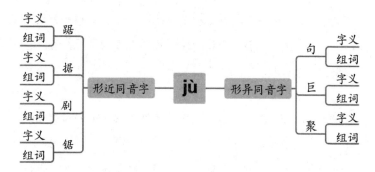

图 3.1　同音字大括号图示例

（2）树形图

树形图适用于多音字的辨别，主要作用是分门别类。多音字是指一个字有两个或两个以上的读音，不同的读音表义不同，用法不同，词性也往往不同。借助树状图，我们可以很好地区分多音字。具体画法是：将多音字画成树根，不同的树枝就是不同的读音，然后在树叶上面写上各个读音所组成的词语。这样既能一目了然地表现出多音字的读音和组词应用，还有助于掌握多音字的特点，了解各个读音的不同含义，实现字音、字义与词义的思维连接。

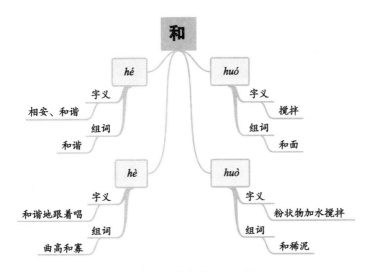

图 3.2 多音字树形图示例

（3）气泡图

气泡图适用于形声字的归类，它的主要作用也是归类识字。形声字由两个文或字复合成体，由表示意义范畴的意符（形旁）和表示声音类别的声符（声旁）组合而成，形旁和声旁结合的方式是多种多样的：有的形旁在左，声旁在右；有的形旁在右，声旁在左；有的形旁在上，声旁在下；有的形旁在下，声旁在上；有的形旁在外，声旁在内；有的形旁在内，声旁在外。利用这个特点，可以有效地帮助学生进行归类识字。其中，声旁归类是最常用的识字方法。形声字的结构在气泡图中能直观、形象地展示出来，是辅助识字的好帮手。

比如，小学二年级上册北京版语文课文《方字歌》：

好儿童，赵小方，
上学路上不闲逛。
回家经过纺织厂，
叔叔阿姨工作忙。
优秀教师是街坊，
常有记者去采访。
解放军叔叔去站岗，
深山老林守边防。
国庆佳节气候爽，
各种花卉吐芬芳。
颐和园内有石舫，
永远停泊不起航。
公共场所守规矩，
妨碍他人不应当。

利用声旁"方"进行归类，可以认识一大串字，如纺、坊、访、防、芳、舫……这一类带有相同声旁的汉字，大部分字形相近，读音类似，很容易混淆。在绘制思维导图的时候，学生可以将"方"画成一朵向日葵，结合自己的认知和分析，将其他由"方"组合而来的字写在花瓣上，花瓣就相当于气泡图。这个方法能温故知新并归类展示，有效地加深对同类形声字的记忆和理解。

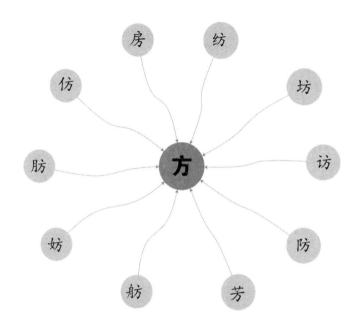

图 3.3　形声字气泡图示例

（4）双气泡图

双气泡图适用于辨析形近字，它的主要作用是对比。形近字是指几个字形结构相近的字，含义却大不相同，如杨、汤、场、肠……双气泡图可以培养学生的对比思维。在这种显性化的图示中，形近字的对比更强烈，它们之间的差异一目了然。比如，小学语文课文《葡萄沟》中，"密"和"蜜"是很容易混淆的两个形近字。在绘制思维导图时，学生应该在双气泡图中写出"密"和"蜜"的共通点，而在两侧的气泡中分别用这两个字组词，从而进行区分。通过双气泡图的对比过程，学生会加深对形近字字音、字形和字义的理解，大脑也会逐渐形成对比思维的习惯，对于巩固汉字的基础学习有很大好处。

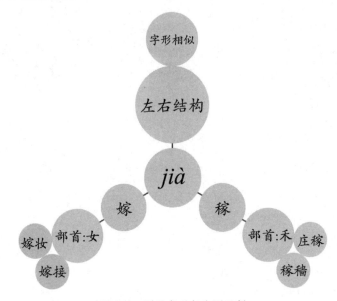

图3.4　形近字双气泡图示例

（5）多重流程图

多重流程图适用于多义字的解析。多义字是指一个汉字在不同的词语或句子中，因读音不同而有了另外的含义。多重流程图原本的作用是分析事物的因果关系。在汉字的学习中，我们可以通过它所特有的箭头指向，将多义字的各种含义一一罗列，并用组词和拼音的形式进行区分。

比如，用"数"字组词，我们可以发现它在不同的语境中有着不同的含义。作为动词时，它可以组成的词汇有"数落""数不清"，读音 shǔ；作为名词时，它可以组成的词汇有"数据"
"数额""数目"，读音为 shù；它还可以作为副词使用，"数见不
鲜"，读音为 shuò。

具体画法：首先画一个方框，并以此框为中心，把多义字写
在框内，然后画出几个分支框，每个分支框内写上不同的词类；
再在此分支下画出分支框，再在此分支框上按隶属关系继续画分
支框，给多义字组词。这样做的好处是，可以把多层字义图示
化，加深对每一个多义字的理解，可以在写作中灵活而正确地运
用生字和词语。

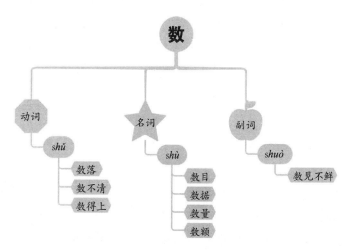

图 3.5　多义字多重流程图示例

当我们不清楚某个汉字是否属于多义字时，最好的方法就是
查字典，根据字典给出的正确释义来绘制多重流程图。

2. 思维导图与记忆

汉字学习的一个重点是记忆。前面介绍了小学阶段利用思维导图进行归类识字的具体做法，中学阶段是大脑记忆力发展的黄金时期，一定要好好利用。只要有科学的记忆方法和辅助工具，如思维导图，通过不断练习，抓住记忆的规律后，就能在学习上取得很好的效果。

（1）歌谣记忆法

歌谣记忆法的运用很广泛，如二十四节气歌、九九乘法歌、字母歌等，都是根据特定的内容编成歌谣或者绕口令。需要注意的是，这种记忆方法要抓住关键，内容要简洁明了，易于记忆。

比如，汉字结构部件中的"圭"，使用时常出现的有"娃""桂""佳""挂"4个字。我们可以开动脑筋，把它们编成顺口溜："小小女娃人人夸，院子里面种桂花，美味佳肴全会做，挂面清汤请大家。"只要背出这个顺口溜，就不会再混淆。这类歌谣或者顺口溜最好自己动手编写，因为自己创造的事物会在大脑中留下深刻的印象，有助于加强记忆。又如，中国的历朝历代，一样可以变成歌诀："夏商周秦西东汉，三国两晋南北朝，隋唐五代及两宋，元明以后是清朝。"如需巩固记忆，只要根据歌谣的内容画出思维导图就可以了，这样做对考试复习是很有帮助的。

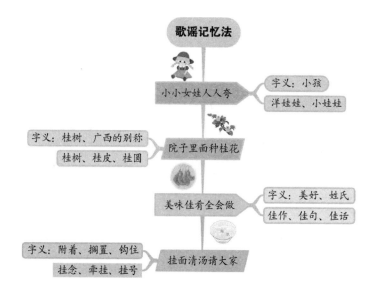

图 3.6　歌谣记忆法思维导图

（2）对比记忆法

到了中学阶段，掌握的汉字数量已经颇多，我们会发现某些汉字的结构十分相似，还有很多同音字。比如，"跑""抱""袍""炮"，不但字形相似，字音也很相近，非常容易混淆。但经过归类、比较后，我们可以运用思维导图进行记忆强化。以上面的4个字为例，我们知道："有足就是跑，有手就是抱，有衣就是袍，有火就是炮。"在绘制思维导图时，可以根据偏旁的特点，画出足、手、衣、火的图像。这种方法对记忆某些复杂的汉字是很有必要的。又如"赢""赢""赢""赢"4个字，差别很小，写起来笔画也很多，这就导致它们不易被记住，但运用对比记忆法，加上思维导图，便可事半功倍。

图 3.7   对比记忆法思维导图

（3）图解记忆法

背诵是语文学习的基本功，可以丰富我们的词汇，加深我们对内容的理解，锻炼我们的记忆能力。背诵一般分为文章背诵和古诗背诵，这里侧重讲解古诗背诵的方法。

理解是记忆的前提，如果理解了一首古诗的内容，我们的大脑中就会形成既定的画面，这时利用我们丰富的联想能力，画出一幅思维导图，背诵就会变得流畅起来。比如，孟浩然的诗作《春晓》：

春眠不觉晓，处处闻啼鸟。

夜来风雨声，花落知多少。

读完这首诗后，我们可以在脑海中想象出以下画面：春日使人贪睡，不知不觉天就拂晓了，窗外到处可以听见小鸟清脆的啼叫声。回想起昨夜的阵阵风雨声，不知吹落了多少娇美的春花。记住了这个如诗如画的画面，再经过思维导图的整理，整首诗便铭记在心了。

图 3.8　图解记忆法思维导图

（4）故事记忆法

故事记忆法适用于记忆难写、复杂的汉字。单独对一个汉字进行记忆是很枯燥乏味的，如果把几个书写复杂、不好记忆的汉字变成一个有趣的故事，那么每次想起这个故事的时候，关于这些汉字的记忆便会浮现在脑海中。这种方法还有助于激发创造性思维。

比如，"愚蠢"的"蠢"字虽然常见常用，但很容易写错。我们可以根据它的结构编个故事：初春时节，余寒犹在，太阳公公暖暖地照耀着大地，有两只小虫子忍受不住寒气，爬出"房子"，毫无防备地在枝头上享受着初春阳光的恩惠。这时，一只正在觅食的飞鸟用敏锐的眼睛看到了它们。两只小虫子瞬间变成了飞鸟的美餐。不懂得保护自己的两只虫子，是不是很"愚蠢"呢？通过这个简短的小故事，我们可以知道"愚蠢"的"蠢"字是上下结构，春天的"春"字是故事的开头，下面的两个"虫"字是故事里的主角。下面我们用思维导图把它们画出来，使其既不枯燥又能深刻地记住"蠢"字下面是两个而不是三个"虫"字。这是按照汉字的结构串联起其内在联系和某些特点而进行联结记忆的一种方法。

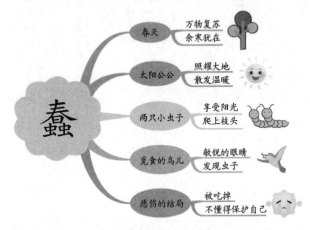

图 3.9　故事记忆法思维导图

　　语文考试时常常会有选择题或者填空题，需要正确地填写文学作品和作者的名字。对于文章和作者的联系，也可以通过故事记忆法来进行记忆。

　　比如，有一天，莫泊桑捡到一串《项链》，莎士比亚认为是《威尼斯商人》的，艾米莉·勃朗特说是她父亲在《呼啸山庄》度假时丢失的，雨果说它是在《巴黎圣母院》不见的，狄更斯则认定是《大卫·科波菲尔》的。最后，大家去请列夫·托尔斯泰裁决，列夫·托尔斯泰判定说，你们说的这些失主都是男人，只有女人才会戴项链，所以真正的失主是《安娜·卡列尼娜》。

　　通过这样的编排，就把课本中的外国短篇小说、名著等的名称和作者都记住了。复习的时候，我们可以绘制一幅思维导图，只要看一眼图片，就能牢牢记住其中的联系。

3. 思维导图与词语

高尔基曾经说过："语言——这是件工具，要学习语言，要扩大自己的词汇量。"词汇是语言的基础，无论听说读写有多么重要，这一切还是以词汇为基础的。

很多学生之所以学不好语文，正是因为词汇积累不够：没有足够的词汇积累，就无法准确理解别人所说的内容；没有足够的词汇积累，也不可能正确理解文章的意思。所以，积累词语，是学好语文的关键之一，而要扩展词汇量，必须多阅读、多写、多听。

传统的词汇教学一般是让学生进行单一生字的组词练习。这种方式不够直观，难以激发大脑的联想能力，而通过思维导图的引导，学生的思维方式会发生转变，趋向于多样性、跳跃性和全面性。

不过，在运用思维导图积累词汇前，我们首先需要知道收集、掌握词汇的途径，一般包括从课文中积累、从课外阅读中积累、利用工具书积累、从日常生活中积累、在使用中积累等。

（1）从课文中积累

语文课文中有许多语句流畅、表达清晰、用词规范的段落和文章，可供我们学习和积累。熟读那些遣词造句贴切而又生动的句子和段落，乃至背诵下来，可以记住不少好词好句。但有研究表明，机械记忆在效果上比理解记忆要差，所以，在经过一个单元的学习后，除了记住老师的课堂讲解外，我们还可以制作一幅思维导图词汇卡，把学过的词语进行归纳整理，按照词性划分词类，分门别类地收录在词汇卡中。

对于写人的文章，可边读边摘抄关于人物外貌、动作、语言、神态等方面的词语；对于写景的文章，则可摘录文中描景状物的优美词句。

比如，《桂林山水》这篇优美的散文，文章开头以"桂林山水甲天下"的名句吸引了读者，接下来围绕山和水两个主题，分述漓江水是如何的"静、清、绿"，桂林山是如何的"奇、秀、险"，突出两者与众不同的特点。

①写水静，静得"感觉不到它在流动"；写水清，清得"可以看见江底的沙石"；写水绿，绿得仿佛"一块无瑕的翡翠"。

②写山奇，奇得"像老人、像巨象、像骆驼，奇峰罗列，形态万千"；写山秀，秀得"像翠绿的屏障，像新生的竹笋"；写山险，险得"危峰兀立，怪石嶙峋"。

最后，结合桂林山水，以"舟行碧波上，人在画中游"来概括全文，与首句的"甲天下"相呼应。桂林山水的秀丽风光跃然纸上，令人心旷神怡、遐想不断。

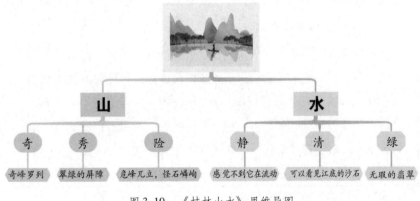

图 3.10　《桂林山水》思维导图

（2）从课外阅读中积累

有的人之所以能出口成章、下笔成文，是因为词语积累得足够丰富。我们学习语文，其中一个重要任务就是要吸收和积累词语。在大量的阅读中掌握遣词造句的规律，是提高语文水平最直接、有效的方法。《语文课程标准》指出：学生九年义务教育阶段课外阅读总量应该在400万字以上。从这个数字来看，光靠语文课本是远远不够的。因此，我们需要走出课堂，扩大阅读范围，增加阅读量，多读书，读好书。

那么，具体应该如何制订课外阅读计划呢？

首先，我们要准备一个专门的笔记本来摘抄词语。与健忘做斗争是我们经常需要面对的问题，时间一长，熟记的词语也会忘掉。摘抄词语是一个好习惯，手脑并用，在积累的同时训练语感。在不影响正常学习的情况下，一周的课外阅读应不少于5个小时，摘抄词语不少于1个小时，交流、写体会和默记不少于1个小时。这个量不会让学生感到负担重，阅读的成果还可以绘制成一幅思维导图，总结所学的词汇。摘抄时遇到不理解、不明白的词语，一定要努力弄明白，阅读的目的是为了更好地运用词语，所以理解词语是首要的。

此外，语言规律是通过长期的实践及模仿学习而逐渐掌握的，积累的过程不仅仅是语言的巩固，还应该包括分析鉴赏和理解运用。享受课外阅读给自己带来的乐趣，抒发不同的情绪感受，尝试用自己的语言去勾勒画面、片段，对好的文章进行深入挖掘，才能把所学的词汇内化成自己的知识。

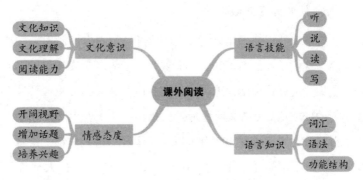

图 3.11 课外阅读的作用思维导图

（3）利用工具书积累

《现代汉语词典》《新华成语词典》《新华词典》等工具书是规范词语的专业书籍，也是学生理解词意的重要参考工具。平时查询、翻阅这些工具书，有利于词汇的记忆与理解。

（4）从日常生活中积累

写作源于生活。我们在日常生活中总会接触到各种各样的人和事。中国幅员辽阔，语言丰富多样，不同的区域有着各自别致、有趣的口语。这些新鲜的词汇在课本中是难得一见的，因此，平时要多观察、倾听人们的言谈，这也是积累词语的一个有效的途径。写作文构思故事情节时，若能运用一些富有生活气息的词汇，会使文章更有真实性和代入感。

（5）在使用中积累

足够的词汇量对学生的人文素养具有十分重要的作用，怎样牢固地掌握词语、丰富词汇量是语文学习的一个重点。我们在学习词语时，要正确理解词语的本义，并明白词语在特定语言环境中的含义。

比如，在《白杨》这篇课文中，爸爸对儿女们说："白杨树从来就这么直。哪儿需要它，它就在哪儿很快地生根发芽，长出粗壮的枝干。不管遇到风沙还是雨雪，不管遇到干旱还是洪水，它总是那么直，那么坚强，不软弱，也不动摇。"文中的"直""坚强""不软弱""不动摇"等形容词，表面上是写白杨树高大的形象，实际上是赞美扎根边疆、无私奉献的社会主义建设者。只有理解了词语在课文中的内涵和用法，才能灵活运用。

是否掌握了一个词语的判定标准是，能否将词语恰当地运用到具体的语言环境中。近义词的辨析是准确使用词语的好方法。通过对比，我们可以把握住两个含义相近的词语之间的细微差别，对于拓展词汇量和用词的灵活性都很有好处。如"差点儿""几乎""险些"等词语表达的意思相同，灵活运用是关键。

在掌握了词语后，我们还应通过不断巩固来加深记忆。在巩固学过的词语时，重复抄写虽然能产生机械的记忆，但是这种方法是消极的、僵硬的。我们要化被动为主动，利用思维导图强化词语的使用，做到活学活用。比如，在《黄果树听瀑》中说："绿树掩映间，有一座徐霞客塑像。他正遥对瀑布，作凝神谛听状，他完全沉醉了，如痴，如迷。此时此地此刻，我们也完全沉醉了，如痴，如迷。"我们可以开动脑筋，把"沉醉"换成近义词"陶醉"，这样不仅可以巩固已经学过的知识，还能开阔思路。在复习课文时，我们可以经常进行这方面的训练。

　　除了同义词的使用外，一词多义的使用方法也要熟练掌握，如"打"字，"打哪儿来"作"从"解，"打鱼"作"捕"解，"打草稿"作"写"解等。平时多关注同义词的运用和辨析，理解就会进一步加深。

　　另外，我们可以对词语进行归类，如描写人物脸部表情的词语、带有颜色的词语、带有情绪的词语等，对于提高学生的分析能力和概括能力很有帮助。

　　比如"笑"，在有人物对话的文章中用得较多，在"笑"的前面可以加上修饰的字，如"大笑""微笑""冷笑""苦笑""耻笑""哄笑"等，发散思维，在不知不觉中做到词汇的积累和运用。

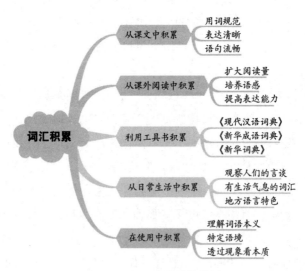

图 3.12　词汇积累思维导图

4. 思维导图与句子

句子，是人们运用语言的基本单位，是由词语（短语）构成的，告诉人们完整的一件事，或提出一个问题，表达一种感慨。在书写和表达的过程中，词汇和短语是一种相对独立的概念，只有完整的句子才能表达所思所想。对句子的学习贯穿着整个小学、初中和高中阶段。小学阶段是语文基础知识的起始阶段，从句子成分到造出一个正确、完整的句子，这个过程可以依靠思维导图来轻松实现。

传统的教学方法，是对句子的成分和结构进行机械性分析。譬如什么是主语、谓语、动词、名词等，这样既没能让学生的思维得到充分发挥，也不符合初学阶段学生的思维模式，会影响他们学习的积极性。

乌克兰著名教育理论家苏霍姆林斯基说过："要让学生带着一种高涨激动的情绪从事学习和思考，在学习中意识和感受自己智慧的力量，体验到创造的欢乐。"

思维导图重视思维过程的展现，可以将句子的结构和规律给予具体化、显性化的分解，在深入解析句子结构的同时，引导学生进行思维拓展。思维导图是一种简便、有效的学习方式。它在锻炼思维能力的同时，也能提高学生造句的水平。

造句的考查形式：小学阶段一般有给词造句、仿写造句、用关联词造句3种，到了中学阶段还包括扩展语句、压缩语段、图文转换、句式变换、选用句式等。

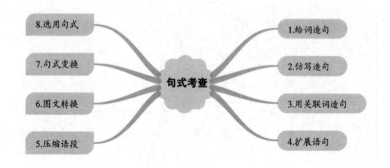

图 3.13　句式考查思维导图

（1）给词造句

给词造句是根据题目所给的词语，在理解词义的基础上进行造句。这些词语可以是形容词、名词、动词、成语或关联词等，范围是十分广泛的。

【例】用"仿佛"造句：树上的小鸟叽叽喳喳地鸣叫着，仿佛是在热烈地交谈。秋天金黄的麦穗随风摆动，仿佛是在欢快地起舞。

（2）仿写造句

仿写造句是指按照要求，仿照列举的句子形式，以规定的内容造句。涉及修辞、句式、内容、字数等多方面的要求，是综合能力很强的考查题目。仿写造句首先要把握主旨，认真分析原句或例句，注意原句的句式特点、句型、语气、用词特点、内在的转折关系以及修辞方法，保持仿写的句子和原句意思一致。另外，仿写的句子立意、境界都要向例句看齐。

【例】原句：（风）既可以给人们带来秋高气爽的舒适，也可以给人们带来秋尽叶落的萧瑟。

仿写：（雨）既可以给人们带来润物无声的愉悦，也可以给人们带来春去花谢的感伤。

（3）用关联词造句

关联词作为连接分句，标明抽象关系的词语，性质复杂，在造句时要考虑关联词所表示的句意关系。

【例】用"不但……而且……"造句：我考试不及格，妈妈不但没有责备我，而且鼓励我继续努力，争取下次拿到好成绩。

（4）扩展语句

扩展语句是指将一句话进行扩展，使其意思变得更丰富或者更合理。扩展语句一般有两种形式，一种是把一个关键词扩展成一句话或者一段话，另一种是将一句简短的话加以补充，扩展成几句话。扩展语句需要认真审题，掌握中心内容，以扩展点为中心，发挥想象力，整合语序，用词恰当，将句子叙述得合理、通顺。

【例】原句：燕子飞走了。

给句子添加修饰性、限制性或说明性的定语、状语、补语，使句子生动、丰富。扩写：枝头上的燕子突然张开翅膀，向着远处的天空，箭也似的飞走了。

（5）压缩语段

压缩语段，即精炼句子，其形式多种多样，可以根据主要内容进行压缩，也可以根据提供的内容拟成一句标题。压缩语段一般有3种方法：摘取法、分层法、复取法。摘取法是指提取句子的中心思想；分层法是指将句子或者段落划分层次，辨别主次，舍次留主；复取法是指整合句子，根据语段的逻辑关系进行归纳和压缩。

【例】阅读以下新闻材料，用一句话概括这则新闻的主要内容。

不久前，某地一所高中对700名学生进行了以"你觉得你离父母有多远"为主题的调查。调查结果显示，69%的学生认为与父母有代沟，其中6%的学生觉得离父母很远。很多学生说，与父母沟通时，除了学习再无别的话题。

压缩后：调查显示，多数学生与父母存在代沟。

（6）图文转换

图文转换是指根据图表或图示内容进行分析，辨析和挖掘其中蕴含的深意和信息，然后用句子全面地概括出来。图文转换首先应明确题目要求，如果是观察图表，就要注重整体数据的变化；如果是情景漫画，就要从各个角度进行多方面的思考，认真分析画面的夸张处和文字，揣摩其真正要表达的主旨，跳出漫画，透过表象看本质。

【例】下面是某校中学生暑期社会实践活动计划的初步构思框架，请把这个构思写成一段话，要求内容完整，表述准确，语言连贯，不超过85个字。

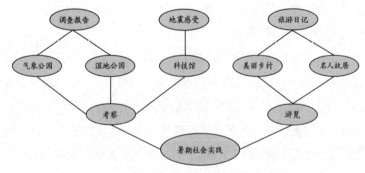

图3.14　暑期社会实践活动计划思维导图

解析：本题考查的是图文转换的能力。整个构思框架的中心是"暑期社会实践"，内容包括考察、游览两部分，其中考察的是3个地方，要写调查报告及交流感受；游览两个地方，要写日记心得。我们要做的就是根据思维导图的思维模式梳理信息，在答题时把握好表述的角度、对象，确定表述顺序，语言简练即可。

参考回答： 中学生暑期社会实践的主要活动是考察与游览。考察气象公园、湿地公园后撰写调查报告，考察科技馆后交流体验到的地震感受；游览美丽乡村、名人故居，用日记记录旅游的感受。

（7）句式变换

句式变换是指各种句式间的互变、互换，考试时通常要按照题目要求，对特定的情景语句进行重新组合或改写。句式变换时要从两个方面考虑：一是语法的变换，如常式句和变式句的变换，将正常的语序变成倒装句；二是重组句子，即根据题目要求，在不改变句子原意的基础上，打乱句子结构，改变陈述对象，重新造句。

【例】把下面的长句用改变语序、增删词语的方式改写成几个较短的句子，但不得改变原意。

巴黎之行让我对法国作家和诗人维克多·雨果为建立法国文学创作者的著作权保护机构——法国文学家协会所做的工作，为促成制定和保护文学艺术作品著作权的国际公约——《伯尔尼公约》所做出的杰出贡献有了更深的了解。

句式变换后：

①巴黎之行让我对法国作家和诗人维克多·雨果有了更深的了解。

②他在著作权保护方面做出杰出的贡献。

③他促成了法国文学创作者的著作权保护机构——法国文学家协会的建立。

④他促成了保护文学艺术作品著作权的国际公约——《伯尔尼公约》的制定。

（8）选用句式

选用句式主要有4种考查方式：一是根据上下文来选择句式；二是根据表达表现形式来选择句式；三是根据表意来选择句式；四是根据情景场合来选择句式。选用句式首先要审清题目，这是为了保持上下文的连贯以及强调句子的意思，然后分析所提供的材料，根据题目的要求比较各个选项的异同，结合语境找出答案并代入原文检验。

【例】下列各项中最适合填在横线上的一项是（　　　）

每逢春节等中华传统节日，"舞龙"都是一个备受欢迎的节目。_____。可以说，不论天涯海角，凡是华人聚集的地方，都能看到"龙"的身影。

A. 中华儿女都是"龙的传人"，中国人在海外被称为唐人。

B. "龙"是中华民族的图腾，中华儿女都是"龙的传人"。

C. "龙"是中华民族的图腾，中华儿女都是炎黄的子孙。

D. 中国人都是"龙的传人"，中国皇帝都称"真龙天子"。

正确答案是 B。不难看出，整个文段的陈述对象是龙，所以可以排除 A 和 D。比较 B 和 C，B 项的后半句"龙的传人"与整个文段相呼应，保持一致，从而排除 C 项。

介绍了众多的句式例子后，下面总结一下写句子的原则：

①内容不能单薄，要具体、全面。在写作或者造句时，要根据内容或者题目要求，在理解的基础上写出表述完整、内容具体的佳句。这需要我们多动笔进行练习，思绪枯竭时，最好的方法是利用思维导图来拓展思路。例如，用"一边……一边"造句，比较 A 与 B 的差别：

A. 东东一边跑，一边喊。

B. 我坐在游船上，一边听着动听的乐曲，一边欣赏着两岸美丽的风景。

②结构不能过于单调，要丰富多样，尽可能采用多种方式来表达内容。思维导图的扩展结构能力十分强大，可以激发思维，绘制出多种句式结构。例如，"精神"造句：

A. 我们学习知识要有刻苦钻研的精神。（陈述句）

B. 我们学习知识不能没有刻苦钻研的精神。（双重否定）

C. 我们学习知识难道可以没有刻苦钻研的精神吗？（反问句）

③句式要多变、灵活。塑造句子时不能死板、僵化，应根据前后文、情景需要，用不同的语调和句式来构造内容。根据表达内容和抒发感情的不同，灵活选用不同的语气、句式来变换节奏，美化

语言，如长短句、疑问句、反问句、陈述句、否定句，使文章更加灵动。如课文《荷花淀》，为了突出水生嫂对丈夫的关切之情，用了这样的文字描写："女人看出他笑的不像平常。'怎么了，你?'"正常的说法应是："你怎么了?"主语在前，谓语在后，这里用主谓倒置的变式句，突出和强调了"你"这个重点。

④表达要准确，不能模糊。写句子时，有歧义、含糊不清的句子是最大的败笔。例如：

A. 我很高兴。

B. 大家都很高兴。

为了让这两句话句意完整，可以这样改动：

A. 期末考试我取得了优异的成绩，受到了老师和父母的表扬，我很高兴。

B. 我们班在学校的运动会上取得了年级第一的好成绩，大家都很高兴。

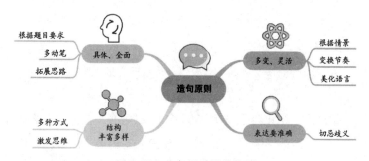

图3.15 造句原则思维导图

5. 思维导图与修辞手法

修辞手法是语文学习中的难点，更是写作中不可或缺的重要组成部分。在学习修辞手法的时候，低年级的学生对某些修辞手法容易混淆，难以区分其中细微的差别，如比喻和比拟，但是通过思维导图的梳理，可以有效地帮助我们熟练掌握各种修辞手法。

图 3.16　修辞手法思维导图

下面我们一起来看看常见的修辞手法的特点和作用。

（1）比喻

比喻是通过两个事物的相似点，用具体、浅显的语言来认识和说明另一种抽象、深奥的事物，使人从一个熟悉的角度进行理解。比喻主要分为明喻、暗喻和借喻 3 种，并由三要素组成：本体、喻体、比喻词。常见的比喻词有仿佛、犹如、似乎、好像、就像、好比、似的、如、像……判断一个句子是否为比

喻句除了要有三要素，还要注意本体和喻体一定是两种不同的
事物。

例句：

摇篮中的小婴儿睡得正香甜，粉扑扑的脸蛋就像刚熟的苹
果，半开半合的小嘴就像一颗含苞欲放的花蕾，在睡梦中笑出
声来。

（2）比拟

比拟是把一个事物当成另一个事物来进行描绘和说明，分为拟
人、拟物两种类型。拟人是把抽象的、有生命的、无生命的事物当
作人来写，赋予人的感情，使事物人格化，塑造生动的形象；而拟
物是把人、事物、抽象概念当作其他事物来写的手法。

例句：

A. 秋天的风不断变幻着她的面具，一会儿调皮地把悠闲的
云朵赶得满天跑，一会儿欢快地拥起地上的枯叶在半空中舞蹈。
（拟人）

B. 她们看见不远的地方，那宽厚肥大的荷叶下面，有一个
人的脸，下半截身子长在水里。（拟物）

（3）夸张

夸张是针对事物的形象、特征、性质、作用等进行夸大或缩
小的一种修辞手法，目的是突出特征，揭示事物的本质，加强渲

染力，给读者留下深刻的印象，并引起共鸣。主要有扩大夸张、缩小夸张、超前夸张 3 种。

例句：

雨下得真大，简直就像天空漏了一道口子，将银河的水都倾泻了下来。

（4）排比

排比是指将结构相似、表达意思相近的句子或成分排列在一起，使文章条理清晰、节奏鲜明，增加感染力和情感的表达。主要有成分排比、句子排比两种。

例句：

延安的歌声，它是黑夜的火把，雪天的煤炭，大旱的甘霖。

书籍好比一架梯子，能引领我们登上知识的殿堂。书籍如同一把钥匙，能帮助我们开启心灵的智慧之窗。书籍是一艘船，带领着我们从狭隘的地方，驶向生活的无限宽广的海洋。

时间好像一把尺子，能衡量奋斗者前进的进程。时间如同一架天平，能称量奋斗者成果的重量。时间仿佛是一面战鼓，能激励我们加快前进的脚步。

（5）反问

反问一般有 3 种形式：一是用疑问句式来表达肯定，二是用肯定形式的反问句来表示否定，三是用否定形式的反问句来表示肯定。它的作用是加强语气、增强气势和说服力，引发读者的思考。

例句：

我们怎能忘记老师的谆谆教导？

（6）设问

设问是用自问自答的形式来引起别人的关注或突出自己想表达的重点，它和反问一样都带有疑问，但是反问句只问不答，而设问是故意先提出问题，然后自己回答。它用在文章中能启发读者思考，如果用在标题上则是吸引读者的利器，目的是引起思考和重视，带出主题。

例句：

科学家们靠什么取得了伟大的成就？靠坚持不懈的努力！

（7）双关

双关是指利用同音字或音近字作为双关语，使语句具有双重含义，字面上是一个意思，实际上暗藏着另一个含义。主要有谐音双关、语义双关、语法双关3种。它在文章中起着一种含蓄、委婉的作用。

例句：

寄语双莲子，须知用意深。莫嫌一点苦，便拟弃莲心。

（"莲"暗指"怜"）

（8）反语

反语是指"说反话"，有正话反说、反话正说两种，多数暗含讽刺、嘲讽和揭露之意。

例句：

家长：我儿子在学校的表现怎么样？

老师：他显然非常聪明，所以上课的时候从不听讲。

（9）引用

引用包括语言引用和数字引用，分为直接引用、间接引用两种方式。语言引用包括成语、诗句、名言、典故等；数字引用包括表格、公式等，主要作用是使论据充分，增强说服力。

例句：

正所谓"少壮不努力，老大徒伤悲"，我们要珍惜时间，好好学习。

（10）反复

反复是指为了突显某个重点，强调某个意思、某种情感，对某个词、某个句子进行重复述说。主要有连续反复、间隔反复两种形式。它的作用是加强语气，渲染情感。

例句：

冒着敌人的炮火，前进！前进！前进！

（11）对偶

对偶是使用结构相同、形式相近的短语或句子对称排列，目的是使文章形式整齐，互相映衬，音韵和谐，易于记忆，具有音律感。主要有正对、反对、串对3种。

例句：

月朗星稀，今夜断然不雨；
天寒地冻，明朝必定成霜。

（12）借代

借代是指用关联事物代替要描述的对象，简单来说就是"借物言物"，目的是引人联想，使语句形象鲜明、生动。主要有特征代本体、专名代本体、具体代抽象3种。

例句：

南国烽烟正十年，此头须向国门悬。（"烽烟"借代"战争"）

6. 思维导图与阅读理解

阅读理解是语文考试中的重点和难点之一，也是平时课堂上学习课文的重要手段。做好阅读理解，有助于全面、细致地对课文进行观察、思考和解析。

阅读理解重在"理解"二字上。下面重点讲解如何利用思维导图来提取文章的关键词，进而提炼出文章的中心思想。关键词的提取是学生是否理解一篇文章的重点，也是绘制思维导图的核心。它主要具有以下优点：

①容易理解。关键词是经过思维导图的推理而总结出来的，已经筛选、过滤了无用的表层信息，留下了各个分支的核心信息，易于理解。

②迅速记忆。在考试前复习的时候，思维导图里的关键词能让学生联想起学过的知识点。相比一堆繁复的笔记，其更加聚焦，也更方便记忆。

③利于拓展。思维的拓展对于阅读理解非常关键。它决定了学生是否能掌握整篇文章的中心思想，而每个段落的关键词是思维拓展的核心，图像＋分支＋关键词＝思维拓展。通过主干和分支上的关键词，学生可以聚合所有的关键信息，同时，每个分支又可以继续延伸出新的思维，这也是学生开动脑筋挖掘文章深层意义的方法之一。得益于思维导图的发散性结构，学生可以整体概括文章，对于联想性的题目作用更大。

④效率高超。关键词的特点是简而精，同时涵盖了中心内容，除了容易理解和记忆外，还有利于高效复习。看关键词复习的时间比看笔记更轻松，大脑的负担也不重。

关键词一般由名词、动词、形容词等组成，但大部分人会选择名词或动词，因为它们可以让大脑产生画面感，让人印象深刻，只有在必要时才会运用形容词、副词等。而作为关键词，它要有窥一斑而知全豹的效果，只要看到它，便会立刻想起与之相关联的各种重要信息。

图 3.17　关键词的优点思维导图

关键词的提取有两大原则：

一是中心原则。我们在学习课文或者做阅读练习时会遇到各种各样的文章。这些文章表面上看千差万别，中心思想也各不相同，但仍然有规律可循。一篇文章是由许多字、词、句堆叠而成的，但是这些文字一般是为了表达某件事、塑造某个人物。我们只要捕捉到深层次的含义就能提炼出中心思想，如果是写人，就要从精神层面着手，如人物性格、情感和品德等。所以，最中心、最根本的词才能用作关键词，起到总体概括的作用。

二是精炼原则。为了更好、更快地掌握重点，我们需要提取一个能把事件描述得清楚明白的词语，这就需要真正地理解文章，只有理解文章才能更好地提取关键词。

在全国各地的高考语文试卷中，关键词提取的试题有很多，主要是为了考查我们筛选信息和压缩文段的能力，多做这样的练习将有助于提高我们的分析、理解能力。下面详细介绍提取关键

词的 3 个技巧:

(1) 二次压缩，二次提取

不难发现，提取关键词与压缩语段有很多相似之处。它们之间的区别是，压缩语段一般是以句子形式来表现，字数在 10 个字以上，而关键词是单个的词汇，有跳跃性，要求更为准确，相当于二次压缩、二次提取。其步骤是首先通读全段，将整段文字压缩成一句话，然后从压缩的语句中提炼出关键词。

【例】提取下面一段话的主要信息，在方框内写出 4 个关键词。

据报道，我国国家图书馆浩瀚的馆藏古籍中，仅 1.6 万卷的"敦煌遗书"就有 5000 余米长卷需要修复，而国图从事古籍修复的专业人员不过 10 人；各地图书馆、博物馆收藏的古籍文献共计 3000 万册，残损情况也相当严重，亟待抢救性修复，但全国的修复人才估计总共还不足百人。以这样少的人数去完成如此浩大的修复工程，即使夜以继日地工作也需要近千年。

解析：上面的文段是由两句话组成的叙述性文字。构成第一个句子的是两个分句：第一个分句从国家图书馆的角度出发，以两组反差极大的数据说明了古籍修复人才极度缺乏；第二个分句从国家的角度出发，再次表明了古籍修复人才的短缺是全国性的现象，是普遍存在的，强调了第一个分句的结论。

因此，这段文字可以压缩成：我国古籍修复的专业人才极其不足。接着，从这句涵盖了核心信息的语句中再次进行提炼，可以得出的关键词：古籍、修复、人才、不足。

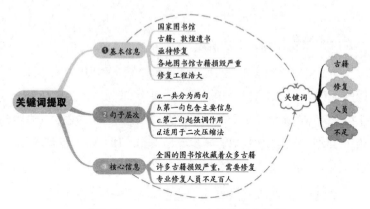

图 3.18　二次压缩、二次提取思维导图

（2）分层提取法

分层提取法适用于寻找散落式的关键词。有的文段结构分为好几个层次，每个层次表达的意思都不一样，关键词通常分布在每一层里，我们只需在每个句子中找到关键词即可。

【例】阅读下面的材料，找出文中 4 个概括性的关键词。

他们应该具有强烈的社会责任感，在履行自己职责和义务的过程中，总是以自己的行为在实践着共同富裕的理想。他们的创新力是多方面的，从农村改革到土壤改良，无论是机制变革还是技术创新。他们的影响力来自他们的行为，更来自这种行为所凝聚起来的社会的力量，引起了全社会对中国农民命运的关注，对中国农业战略转变的思考。他们的推动力是具体的、全方位的，他们推动了一个村庄、一个乡镇乃至更广大地域乡村经济的兴旺和农民的富裕。

解析：这段文字由 4 个句子构成，每一句表达的标准都不一样，属于分层结构。因此，分析、提炼好这 4 个句子便能找到相应的关键词。第一句话的前半句是讲"他们应该具有强烈的社会责任感"，这是主要信息；后半句是对前半句的具体陈述，属于次要信息，可以省略。进行筛选和精炼后，可以得出第一句的关键词为"责任感"，以此类推，剩下的关键词分别为"创新力""影响力""推动力"。

图 3.19　分层提取思维导图

（3）中心提取法

顾名思义，中心提取法就是要找到中心句。在有些阅读题中，整个文段会出现比较明显的中心句，有的写在前头，开启下文；有的写在结尾，起总结作用。只要能判断出中心句，就能提取出关键词。

【例】请根据下列文段，用 4 个关键词概括其中缘由。

作为高水平教育和研发的有效补充和配套措施，北欧五国的科技和产业界一直重视并积极推动国内外同行的交流与协作，力争在创意设计以及科技、艺术与市场结合方面走在世界前列。成立于1845年的瑞典工业设计协会，是全球最早的手工艺行业和创意交流组织；成立于1875年的芬兰手工艺和设计协会，在促进国内外工程师、设计师与制造商之间的交流与合作中，一直扮演着重要的角色。在挪威，许多半官方或民间组织致力于形成全国范围的信息和创新服务网络。有的行业组织还与政府驻外机构合作，将行业信息和科技创新的服务网络延伸到世界各地。北欧国家还着力发展国际贸易和跨国公司，这成为其取得竞争优势的突破口。北欧的进出口贸易依存度一直明显高于英美和欧盟的平均水平。北欧国家特别重视培育具有全球经营能力和竞争力的大型跨国公司，从而在一些产业领域形成了显著而持久的竞争优势。

解析：第一句话是整个文段的中心句，下文的句子都是围绕首句做详细叙述，属于偏正结构。所以，这4个关键词可以在第一句中寻找。分析第一个句子，前面讲的是怎么做，后面讲的是这样做的原因和目的，因此核心信息在前面的句子。我们可以看到关键部分在"北欧五国的科技和产业界一直重视并积极推动国内外同行的交流与协作"，主干部分点明了"科技和产业界"，这两者要做什么呢？在宾语部分体现了后续的信息："推动交流与协作"，经过提炼之后，我们可以得到两个关键词："交流""协作"。用同样的思路进行思考：北欧五国要推动什么方面的交流与协作呢？在第一个句子中，我们可以得到另外两个关键词："教育""研发"。因此，关键词为："教育""研发""交流""协作"。

总结完关键词的提取后，下面以现代文阅读为例，试着用思维导图来梳理出文章的脉络。

我与父亲不相见已二年余了，我最不能忘记的是他的背影。

那年冬天，祖母死了，父亲的差使也交卸了，正是祸不单行的日子。我从北京到徐州，打算跟着父亲奔丧回家。到徐州见着父亲，看见满院狼藉的东西，又想起祖母，不禁簌簌地流下眼泪。父亲说："事已如此，不必难过，好在天无绝人之路！"

回家变卖典质，父亲还了亏空；又借钱办了丧事。这些日子，家中光景很是惨淡，一半为了丧事，一半为了父亲赋闲。丧事完毕，父亲要到南京谋事，我也要回北京念书，我们便同行。

到南京时，有朋友约去游逛，勾留了一日；第二日上午便须渡江到浦口，下午上车北去。父亲因为事忙，本已说定不送我，叫旅馆里一个熟识的茶房陪我同去。他再三嘱咐茶房，甚是仔细。但他终于不放心，怕茶房不妥帖；颇踌躇了一会儿。其实我那年已二十岁，北京已来往过两三次，是没有什么要紧的了。他踌躇了一会儿，终于决定还是自己送我去。我两三劝他不必去；他只说："不要紧，他们去不好！"

我们过了江，进了车站。我买票，他忙着照看行李。行李太多了，得向脚夫行些小费才可过去。他便又忙着和他们讲价钱。我那时真是聪明过分，总觉他说话不大漂亮，非自己插嘴不可，但他终于讲定了价钱；就送我上车。他给我拣定了靠车门的一张椅子；我将他给我做的紫毛大衣铺好座位。他嘱我路上小心，夜里要警醒些，不要受凉。又嘱托茶房好好照应我。我心里暗笑他的迂；他们只认得钱，托他们真是白托！而且我这样大年纪的人，难道还不能料理自己么？唉，我现在想想，那时真是太聪明了！

我说道："爸爸，你走吧。"他往车外看了看说："我买几个橘子去。你就在此地，不要走动。"我看那边月台的栅栏外有几个卖东西的等着顾客。走到那边月台，须穿过铁道，须跳下去又爬上去。父亲是一个胖子，走过去自然要费事些。我本来要去的，他不肯，只好让他去。我看见他戴着黑布小帽，穿着黑布大马褂，深青布棉袍，蹒跚地走到铁道边，慢慢探身下去，尚不大难。可是他穿过铁道，要爬上那边月台，就不容易了。他用两手攀着上面，两脚再向上缩；他肥胖的身子向左微倾，显出努力的样子，这时我看见他的背影，我的泪很快地流下来了。我赶紧拭干了泪。怕他看见，也怕别人看见。我再向外看时，他已抱了朱红的橘子往回走了。过铁道时，他先将橘子散放在地上，自己慢慢爬下，再抱起橘子走。到这边时，我赶紧去搀他。他和我走到车上，将橘子一股脑儿放在我的皮大衣上。于是扑扑衣上的泥土，心里很轻松似的。过一会儿说："我走了，到那边来信！"我望着他走出去。他走了几步，回过头看见我，说："进去吧，里边没人。"等他的背影混入来来往往的人里，再找不着了，我便进来坐下，我的眼泪又来了。

近几年来，父亲和我都是东奔西走，家中光景是一日不如一日。他少年出外谋生，独力支持，做了许多大事。哪知老境却如此颓唐！他触目伤怀，自然情不能自己。情郁于中，自然要发之于外；家庭琐屑便往往触他之怒。他待我渐渐不同往日。但最近两年的不见，他终于忘却我的不好，只是惦记着我，惦记着我的儿子。我北来后，他写了一信给我，信中说道："我身体平安，唯膀子疼痛厉害，举箸提笔，诸多不便，大约大去之期不远矣。"

我读到此处，在晶莹的泪光中，又看见那肥胖的，青布棉袍黑布马褂的背影。唉！我不知何时再能与他相见！

《背影》是现代作家朱自清于 1925 年所写的一篇回忆性散文，把父子之间的真挚感情表现得淋漓尽致。它不同于一般作品去描写人物肖像、神情等，而是抓住人物形象的一个特征"背影"，不惜笔墨地进行具体细致的刻画，感人至深。

文章在开篇第一段就点明了对父亲的思念，最难忘的是父亲的背影。"背影"成为贯穿全文的叙事线索，故将其作为思维导图的中心图。

点题之后，作者并没有继续描述背影，而是展开了回忆：家境衰败、祖母去世、父亲失业，为后文描写"背影"铺垫了悲凉的氛围。

与父亲同行，有了"背影"的出现，然后进入对"背影"的刻画。这一部分描写主要从两个部分体现出来：送站与买橘子。关于父亲送与不送自己的部分，种种担心和纠结都体现了父亲的爱子之情。接着，通过为他选座位、叮嘱他的叙述，突出了父亲对他细致入微的关心和爱护。

接下来，父亲给他买橘子的过程是全文的高潮，也是重点突显作者情感的部分。作者详细描写了父亲买橘子时的"背影"，以大量的动作描写和自己的流泪，将父子之间的深厚感情表现得入木三分。

最后一个自然段与开头互相照应，诉说了父亲生活的坎坷不易，透露出当时社会的阴冷和凄凉，也渲染了"背影"的形象。尤其是作者在泪光中又现父亲的"背影"，抒发了对父亲的怀念之情，令人动容。

经过分析和解读，思维导图便水到渠成："背影"作为中心图，是全文的主题；对父亲背影的"回忆""刻画""惜别""怀念"分别作为4条主干，然后在4条主干下，提取与"背影"有关的关键信息，构成分支。

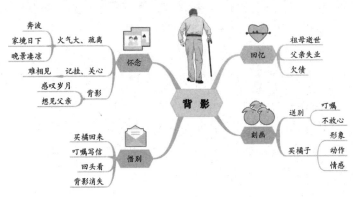

图 3.20　《背影》思维导图

7. 思维导图与古诗词笔记

古诗词是中文独有的一种文体，有着特殊的格式和韵律。以音律划分，它可分为古体诗和近体诗两类。

古体诗是相对于唐代近体诗之前的诗体，在字数、句数、平仄、对仗上没有严格的要求，但也要押韵。

近体诗是唐代形成的一种格律体诗，在字数、句数、平仄、用韵等方面都有严格规定。

近体诗又分为绝句和律诗。绝句每首诗有4句，每一句5个字或者7个字，分别称为五言绝句和七言绝句。律诗每首诗有8句，每一句的字数与绝句一样，都有 5 个字或者 7 个字，故也称五言律诗和七言律诗。多于 8 句的律诗称为"排律"或者"长律"。

我们通常背诵的诗词大部分是近体诗。它具有以下特点：平仄有规、对仗工整、押韵、有物有景、有画面感。不管是哪一类诗，要么在写物、写景，要么在抒情，而且抒情是建立在写物写景的基础上，这就很容易在大脑里形成一幅图画，便于记忆。比如，杜甫的《绝句》一诗中，"两个黄鹂鸣翠柳，一行白鹭上青天"，既有声音又有画面；王维的《使至塞上》一诗中，"大漠孤烟直，长河落日圆"，画面感非常强。

一般来说，古诗中有两种常用的手法——"借景抒情"和"托物言志"，抒发感情、寄托思念、表达志向甚至是象征的手法等，都是建立在景和物的基础上。此外，夸张也是古诗中比较常见的手法，如"飞流直下三千尺，疑是银河落九天""危楼高百尺，手可摘星辰"，令人印象十分深刻。

古诗词的这些特点很适合用思维导图来加以理解和记忆，而且古诗词字数不多，很适合在思维导图的分支上写关键词。具体步骤可以参考以下几点：

（1）通读全诗，理解诗词的意思。

（2）先画思维导图的中心图，中心图就是古诗词的题目或者能够表现诗词题目的图像，并附上作者信息。

（3）接着画思维导图的主干分支，并写上关键词。古诗词一般对仗比较工整，所以思维导图的主干和分支也很容易画，每一句诗词画一个分支，关键词就是诗句里面的内容。

（4）最后在思维导图上画一些小图像。画面生动，给人的印象也会更加深刻。

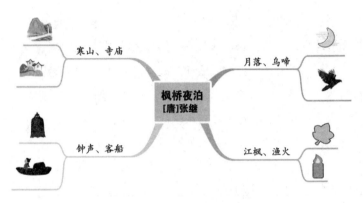

图 3.21　古诗《枫桥夜泊》思维导图

　　上面是引自网络的一张古诗词思维导图。它在每一个分支的末端都添加了对应的图片，辅助表达诗词的意境及帮助理解、记忆。

　　下面以白居易的五言律诗《赋得古原草送别》为例，看看如何画出思维导图。

赋得古原草送别

［唐］白居易

离离原上草，一岁一枯荣。

野火烧不尽，春风吹又生。

远芳侵古道，晴翠接荒城。

又送王孙去，萋萋满别情。

　　这首诗首句就点明题目"古原草"3个字。"离离"抓住了"春草"生命力旺盛的特征，为后文开出很好的思路。野火是一年生植物，春荣秋枯，"一岁一枯荣"形成了咏叹，流露出生生不息的情味，也为第三、四句设下铺垫。

"野火烧不尽，春风吹又生。"这是对"枯荣"二字的承接和发展，由概念转为形象。作者抓住野草顽强的生命力，用火烧与"不尽""又生"做对比，营造了一种壮烈的意境。因为烈火再猛，也对那深藏地底的根须无可奈何，一旦春风化雨，野草的生命便会复苏，以迅猛的长势重新铺盖大地，回报火的凌虐。第五、六句则由"古原草"转而落到"古原"，以引出"送别"题意。"远芳""晴翠"都是写草，而比"原上草"意象更具体、生动；"侵"与"接"更渲染了一种蔓延扩展之势，再次突出生存竞争之强者野草的形象；"古道""荒城"则与题面"古原"极为相扣。虽然道古城荒，青草的滋生却使古原恢复了青春。

作者铺垫了那么多，为的是营造一个送别的典型环境：大地春回、芳草芊芊的古原景象如此迷人，却要在此送别，虽然心中满是惆怅和不舍，却又不乏诗意。整首诗到此点明"送别"，"古原""草""送别"打成一片，意境浑然一体。

经过以上分析，这首诗的思维导图笔记可以这样做：

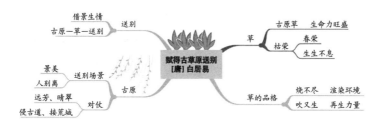

图 3.22　古诗《赋得古原草送别》思维导图

下面再以杜甫的《春望》来举例。

春望

[唐] 杜甫

国破山河在，城春草木深。

感时花溅泪，恨别鸟惊心。

烽火连三月，家书抵万金。

白头搔更短，浑欲不胜簪。

诗篇一开头便描写了春望所见：山河依旧，可是国都已经沦陷，战火中的城池一片破败的景象。而诗人记忆中的长安是何等繁华，烟柳明媚，只是那种景象早已不复存在。诗人睹物伤感，表现了强烈的黍离之悲。

"感时花溅泪，恨别鸟惊心。"花鸟是因人而具有了悲伤之情。"感时""恨别"都浓聚着诗人因时伤怀、苦闷沉痛的忧愁。当内心痛苦时，遇到乐景反而会引发更多的痛苦。此联通过景物描写，借景生情，移情于物，表现了诗人忧伤国事、思念家人的深沉感情。

"烽火连三月，家书抵万金。"短短几个字饱含了多少辛酸、多少期盼，反映了诗人在消息隔绝、久盼音讯不至时的迫切心情，也反映出百姓反对战争、期盼和平的美好愿望，很自然地使人产生共鸣。

"白头搔更短，浑欲不胜簪。"国愁家忧齐上心头，内忧外患纠缠难解，青丝变白发，诗人由国破家亡、战乱分离写到自己的衰老。"白发"是被时局愁出来的，"搔"则体现了想要解愁而愁更愁。从头发的变化，读者可以感受到诗人内心的痛苦和愁怨，从而更加深刻地体会到诗人伤时忧国、思念家人的真切形象。

这首诗结构紧凑，围绕"望"字展开，前4句借景抒情，情景结合。诗人由登高望远到焦点式的透视，由远及近，感情由弱到强，就在这感情和景色的交叉转换中含蓄地传达出诗人的忧愤，表现了在典型的时代背景下所生成的典型感受，表达了大家期盼和平的心声，也展示出诗人忧国忧民、感时伤怀的高尚情操。

经过以上分析，这首诗的思维导图可以这样做：

图 3.23 古诗《春望》思维导图

8. 思维导图与写作大纲

谈到作文，很多学生都感到头疼，并经常遇到文思不畅的情况，拿到题目后脑子里一片空白，一点思路都没有，更谈不上整体的逻辑架构。即便好不容易开了头，内容也空洞乏味，没有文采可言。

相关调查显示，目前学生写作时的主要问题有：写作没有提纲，缺乏条理；写作不具体，言之无物；缺乏独立精神和创造精神，容易写出流水账作文；选用其他人已经写了很多遍的老旧题材，缺乏新意；有的学生为了迎合考试，用格式化的文字开头和结尾，缺乏真情实感。

要想写好作文，需要具备多方面的能力，如逻辑思维能力、知识积累能力、语言运用能力、阅读能力等。而思维要素自始至终控制着其他要素的运用和发挥，没有思维能力作为支撑，其他要素的作用就无从谈起。所以，写作能力的培养和提高必须立足于思维能力的培养和提高；写作方法的掌握和运用，首先是思维方法的掌握和运用。

思维方法，就是我们常说的思路，是写作的核心。思维导图可以唤醒我们的灵感，打开我们的思路，让我们心中的一些平时不易捕捉到的想法跑出来，并且被记录下来。更重要的是，思维导图还可以让我们的思路更清晰，使我们的文章更有层次、更有条理。

在绘制思维导图前，首先让我们来看看一篇作文的写作步骤：

看到作文的命题后，第一步是审题。审题的过程，就是理解题目、思考题目内涵的过程。

分析了作文命题之后，就要展开思考，确定立意——这是作文的关键。思路开阔的人可以提炼出多个立意，但我们一定会选择掌握素材最丰富、感悟最深、最容易出彩的那个立意来写作。接着，根据这个立意所统率的素材的特点，确定写成什么文体，是记叙文、议论文还是散文等。当立意、素材、文体都确定下来，就进入文章的表达阶段了。

那么，如何有效运用思维导图来帮助我们打开写作思路，完成写作提纲，让写作变得得心应手呢？

①审题立意。审题时要运用发散思维来打开思路，捕捉灵感，尽可能多地尝试各个角度、各个方面。

②打开思路，建立分支，将关键词分别写在分支上。

③画第二个一级分支来选用文章结构，第三个一级分支画准备重点展开的段落，第四个一级分支是设计表达方式，用何种修辞手法、怎样的句式、哪条线索来围绕中心展开文章。

④编辑并重新调整思维导图，使其成为一个连贯的整体。现在思路有了，内容也有了，一篇作文很快就写出来了。

下面以 2018 年北京中考作文题目为例：

从下面两个题目中任选一题，写一篇文章。

题目一：一位著名学者曾经说过这样的话：任何一个多少知道一点自己国家历史的人，都应该对本国过往的历史心怀敬意。历史不仅书写在浩瀚的史籍里，也沉淀在众多的历史古迹和历史文物中。请你任选一处古迹（圆明园除外）或一件文物，将"_____，让我心生敬意"补充完整，构成你的题目，写一篇文章。不限文体（诗歌除外）。

题目二：请你用上"伙伴""困境""成长"这三个词语，以"在幽深的峡谷里"为开头，发挥想象，写一篇故事。题目自拟。

要求：

① 请将作文题目抄写在答题卡上。

② 字数在 600~800 字。

③ 不要出现所在学校的校名或师生姓名。

应用思维导图审题，可以先做一个简单的导图解析：

第一个大纲主干：题目归类。半命题作文、自由命题作文。如选择第二个题目，则是自由命题作文。

第二个大纲主干：关键词。"伙伴""困境""成长"。

第三个大纲主干：找思路。"在幽深的峡谷里"这个开头，设定了具体的环境。"峡谷"是户外艰苦环境的典型代表，远离安逸的城市，远离舒适的享受，正好呼应了"困境"一词。由此我们可以初步联想到峡谷的环境很恶劣、很危险，有呼啸而过的山风，有长在峭壁或者谷底的孱弱植物，有偶尔从峡谷经过的动物和飞禽……

其中，第一个分支可以从"伙伴"展开想象，峡谷里谁和谁能成为伙伴？"伙伴"意味着即将展开的故事的参与者，至少要有两个人，不然无法体现"伙伴"这一要求。它可以是动物、植物，也可以是人；"伙伴"还能体现团队合作的精神。

第二个分支从"困境"扩展思路，指困难的、危险的、恶劣的环境。这种环境既可以是突发情况造成的紧急状态，也可以是长期以来的恶劣条件。

第三个分支从"成长"开始联想，它指的是积极的结果。包括在伙伴的帮助下，突破自我，走出困境；和伙伴一起想办法，齐心协力共渡难关；了解到伙伴的经历，从而获得力量，使自己得到成长。

第四个大纲主干：具体立意可以从以下几个方面入手：困境是磨砺人生的必经之路；团结合作才能冲破困境；内心

的成长是最强大的武器；向优秀的人汲取积极的精神，从而
获得成长等。

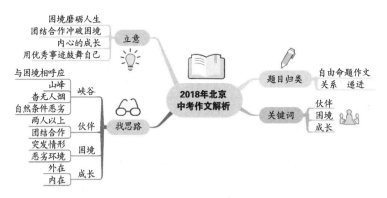

图 3.24　中考作文解析思维导图

第二节　数学

数学是一门基础学科，更是一门伟大的科学。它在生活、生产中有着广泛的应用，如个人的记账、理财，企业的运营、分析，相关部门的统计、核算，既可以帮助我们整理、排序，实现数据的具体化，也可以将具体事务数据化。同时，它的逆向思维在各种预测、估算中也起到了很大的作用。

数学的应用如此广泛，作用如此之大，因此数学教育理应被我们重视。然而，如今的数学讲授大部分还是沿袭传统的教育思想，学生被教条化、统一化以及灌输式教育束缚着，课堂上学生与老师的对话形式单一，缺乏对数学内涵的深入挖掘，导致学生缺乏活力，认为数学很难，甚至产生抵触情绪。之所以说师生之间对话形式单一，是因为课堂上老师在讲解抽象的定理、公式，学生则在下面忙着做笔记，师生之间没有足够的交流，只有课后布置作业以巩固知识。这就使很多学生知其然而不知其所以然，对于老师讲解过的题目，虽然会解题，但从来没想过有没有另一种解法，或者为什么要这样去解题，其中的原理是什么。只要题型稍微改变，很多学生的脑子就转不过弯来，不会灵活变通。正确的学习模式应该是在了解原理并灵活运用的基础上，去探索、发现新的问题，并开动脑筋去解决。

要想获得良好的学习效果、转变固有的思维模式，首先应从学习方法开始改变。

下面具体说明运用思维导图学习数学的优点，主要体现在 3 个方面：

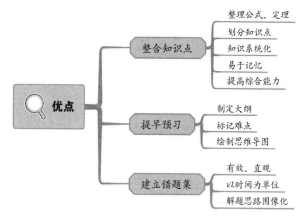

图 3.25　利用思维导图学习数学的优点

（1）整合知识点。我们每一堂课都会做笔记，笔记的利用是否得当与学习效果密切相关，利用思维导图整合课堂笔记可以使我们事半功倍。数学中有许多零碎的定理、公式，它们之间或相互联系或独立存在，思维导图可以直观地划分各个知识点，也可以将它们之间的关联表达清楚。另外，利用思维导图将知识系统化后，更便于我们记忆，也能提高我们的综合能力，使解题的思路更清晰。

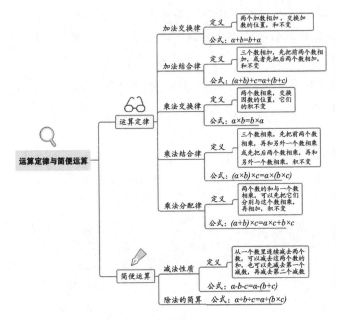

图 3.26　运算定律与简便运算思维导图

（2）提早预习。很多学生没有预习的习惯，认为预习是可有可无的。这种认识是错误的。思维导图的思维模式鼓励我们进行预习。在预习中，学生利用思维导图进行自主学习。在这个过程中会遇到问题和难点，即使思考后也没有结果，但这个难点会让我们记忆深刻。当老师在课堂上讲解时，我们会特别关注，并激发再次思考的兴趣和信心。具体有 3 个步骤：

①制订大纲。这是关键的一步，做好预习的指导大纲非常重要。

②标记难点。经过多次阅读后，将不懂的难点、疑点标记

好，上课时重点听讲。

③绘制思维导图。根据预习大纲的顺序划分知识点，然后将先前预习遇到的问题、难点画好，上课时通过老师的解惑，将正确的思路再次填写好，便于课后消化和复习。

（3）建立错题集。利用思维导图建立错题集，并不是简单地把错误的习题和答案抄写一遍便搁置一旁。要知道，单纯抄写错题而不进行思考既无助于总结知识点，也无法提炼有价值的考点。在思维导图的帮助下，我们可以分门别类地建立一个有效、直观的错题集，将整个解题思路图像化，以每周或者每月为一个时间单位，或者按照单元章节进行整合。重点从概念、计算方法、解题步骤展开，摒弃密密麻麻的文字，让学生爱上复习。

在中学阶段使用思维导图时，我们需要注意一些问题：高年级的学生时间很紧张，所以绘制的思维导图越简单越好，无须过分追求色彩的丰富，简单、直观、自己能看懂即可，因为我们学习思维导图并不是为了追求美观，而是让思维导图配合我们的大脑运行。

数学的学习重在理解和运用，而学好数学需要具备多种能力，如记忆能力、理解能力、推理能力、思维能力、空间想象力等。对低年级的学生来说，记忆能力和理解能力是学习数学的第一步，如一些基本的定理和公式，要想得到巩固，仍然要靠记忆，如九九乘法表。理解是记忆的前提和基础，在数学的学习中尤其如此。比如三角函数，我们可以发现，所有的公式都是以三角函数定义和加法定理为基础的，只要在记忆公式的同时，理解、掌握公式的推导方法，便可牢牢记住。下面介绍几种在理解的前提下进行记忆的思维方法：

1. 归纳分类法

归纳分类法是指对学习内容的性质、特征以及相互间的联系进行归纳分类。例如，学习计量单位时，我们可以将学过的计量知识进行分类：重量单位、体积单位、容积单位、面积单位、长度单位、时间单位等。然后绘制成一幅简单的思维导图，让知识内容变得系统化、条理化，在理解的基础上进行记忆。

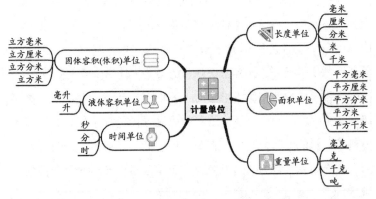

图3.27　归纳分类法思维导图

2. 推理记忆法

很多数学定义、公式之间有着明显的逻辑关系，有时我们只需记住其中一个定义，便能推导出另外几个，这种推导的方法就是推理记忆法。比如，我们由平行四边形的定义便可以推导出它的几种性质，如任意一条对角线可以把它平分成两个全等的三角形，还有它的对角相等、对边相等、相邻角互补等性质。这种方法适合用树状图进行绘制，以平行四边形的定义为中心，向四周发散的分支便是它的性质。

3. 比较记忆法

这是一种行之有效的记忆方法，因为"比较"是认识事物的重要手段，在数学的学习中亦是如此。通过比较，才能发现记忆对象不同的特征，特别是对相似的、有关联的知识点，比较记忆法可以帮助我们正确地区分记忆的对象，如质数、质因数、互质数这3个概念，利用思维导图可以得出直观、明显的区别。

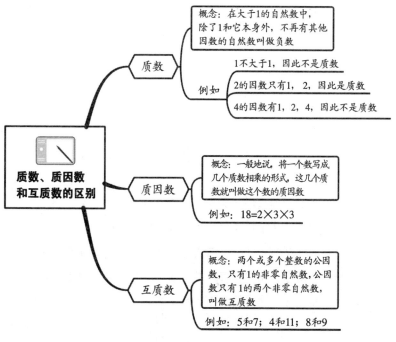

图 3.28　比较记忆法思维导图

4. 歌谣记忆法

歌谣记忆法的核心是把知识点编成一段口诀或者顺口溜，加上一定的押韵手法，使内容变得朗朗上口，容易背诵和记忆。适用于一些零碎的、散乱的、没有规律的数学材料，既生动又不易遗忘。比如，解一元二次不等式：

首先化成一般式，构造函数第二站。
判别式值若非负，曲线横轴有交点。
a 正开口它向上，大于零则取两边。
代数式若小于零，解集交点数之间。
方程若无实数根，口上大零解为全。
小于零将没有解，开口向下正相反。

5. 联想记忆法

联想是大脑的一种创造性活动，具有延展性、灵活性和画面感，而思维导图倡导的正是这种思维模式，它能让我们的思维变得更开阔，在开动脑筋的同时刺激大脑皮层，给我们留下深刻的印象，因而不易遗忘。比如，有理数的学习，可以将有理数与数轴的点进行联系记忆，这样便能直观地比较出互为相反数、绝对值和有理数的大小。

6. 规律记忆法

规律记忆法是从知识点内在的联系着手，根据找出的规律进行记忆或解答题目。例如，观察下列各数：0，3，8，15，24，……根据这个规律，写出它的第 n 项为多少。

解答这一题，我们要先把有关的量放在一起比较：

给出的数：0，3，8，15，24，……

序列号：1，2，3，4，5，……

我们可以发现它的一般规律，已知数的每一项都等于它的序列号的平方减 1。因此，第 n 项是 $n^2 - 1$。

图 3.29　记忆方法总结思维导图

下面通过小学的几何知识举一个详细的例子，让家长和孩子都能通过思维导图共同参与数学知识的整理。

比如，长方形和正方形的周长与面积计算是我们较早接触到的几何知识。在小学阶段，学生直观地认识了长方形和正方形的形状，并从边和角的特征出发，学习了其周长与面积的计算，其中有不少公式需要理解和记忆。初次学习几何知识的学生如果对四边形的基本概念和公式掌握得不牢固，很容易混淆周长公式和面积公式。思维导图是一个很好的学习几何知识的工具，可以帮助我们清晰地梳理长方形和正方形的不同特征，增加对周长和面积的理解，并培养我们的空间思维能力。

下面这张思维导图系统而全面地总结了长方形和正方形的基本知识，在理解的前提下进行记忆，区分这些公式就变得轻松、容易了。

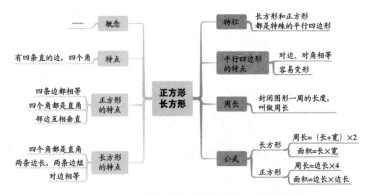

图 3.30　正方形和长方形的基本知识思维导图

思维导图就像一种很好的线，可以让学生一提就是"一串"，融入了思维导图的教学让学生从散杂、片断的机械式学习，提升为注重关系并充满主动探究活力的有意义学习。利用思维导图学习数学，可以帮助我们梳理知识点，熟悉各知识点之间的联系。其构建模式与其他学科没有太大的区别，都是先确定一个中心主题，引出主干，再对主干分层次。下面以一个关于"圆"的数学知识点为例，画一幅思维导图。

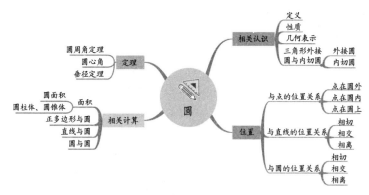

图 3.31　关于圆的思维导图

对于低年级的学生和家长来说，平时可以把数字的联想当成亲子游戏，在认识数字的同时也对数的概念有了理解。对于初高中的学生来说，数学的知识变得越来越烦琐和深奥，在一定程度上压抑了学习的热情和积极性，所以高年级学生利用思维导图进行学习时，应注重培养自己的逻辑思维能力，自主寻找知识点之间的联系，构建易于理解的知识体系，加强合作交流能力。

以上所讲，基本属于初等数学的范畴，这是学好数学的基础。掌握这些学习方法除了可以巩固知识，更重要的是为日后学习高等数学打好基础。

高等数学较为繁杂，由几何学、微积分与代数学等贯穿组成，是初等数学的延伸和提高。因此，它所需要的数学能力也相应增多。除了计算能力，还有空间想象能力、逻辑推理能力、数据收集能力、分析能力和归纳能力等，但大部分数学能力在初等数学的范畴中也会运用，下面举例说明。

（1）差倍问题

差倍问题，是已知两个数的差及两个数的倍数关系，求两个数各是多少的应用题。

差倍问题的解题思路：设小数为 1 份，并且大数是小数的 n 倍，根据数量关系可知大数是 n 份，又知道大数与小数的差，即知道 n－1 份是多少，就可以求出 1 份是多少。

关系式：两个数的差÷（倍数－1）＝标准数

标准数×倍数＝另一个数

【例】一双鞋子的价格是一件衣服的 3 倍，购买一双鞋子比一件衣服贵 60 元，问鞋子和衣服各多少元？

分析：鞋子的价格与衣服的价格差是 60，将衣服看成小数占 1 份，鞋子占 3 份，份数差为 3－1，根据数量关系可以得出：

衣服的价格为：$60÷（3－1）＝30$（元）

鞋子的价格为：$30＋60＝90$（元）

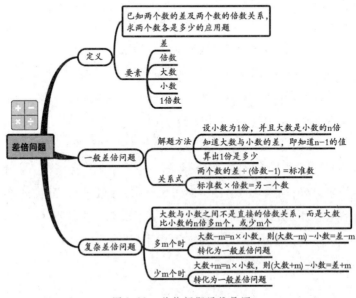

图 3.32　差倍问题思维导图

差倍问题分为一般差倍问题和复杂差倍问题，这道题属于一般差倍问题，可以有效锻炼我们的计算能力、数据收集能力和分析能力。根据课本内容，我们还可以在思维导图上补全复杂差倍问题的解题思路和关系式，另外，类似的和差问题、和倍问题同样适用。

（2）盈亏问题

盈亏问题是把一定数量的物品平均分给一定数量的人。由于物品和人数都未知，已知在两次分配中一次是盈（有余）、一次是亏（不足），或者两次都盈余，或者两次都亏的数量时，求参加分配的物品总量及人员总数。

盈亏问题的解题思路：先求两次分配中物品盈亏的也称总差额，再求两次分配中分配者每份所得物品数量的差，用前一个差除以后一个差，就可得到分配者的数，进而再求得物品数。

关系式：总差额÷每人差额＝人数

总差额的求法可以分为4种情况：

总差额＝多余＋不足（第一次多余，第二次不足）

总差额＝多余或不足（第一次正好，第二次多余或不足）

总差额＝大多余－小多余（第一次多余，第二次也多余）

总差额＝大不足－小不足（第一次不足，第二次也不足）

【例】老师将一些铅笔分给班上的学生，如果每人分2支，则剩下20支；如果每人分3支，则差40支。这个班一共有多少个学生？一共有多少支铅笔？

分析：小朋友分到的铅笔总数相等，总差额为 $20+40=60$，每人分的量的差额为 $3-2=1$。

答：总人数 $=60÷1=60$（人）

铅笔一共有 $60×2+20=140$（支）

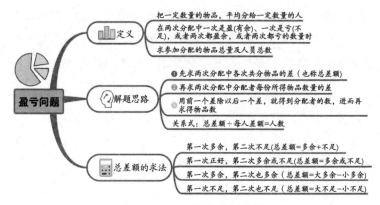

图 3.33 盈亏问题思维导图

盈亏问题最早可见于中国的数学专著《九章算术》。它是小学数学经典的应用题类之一，在日常生活中应用也很广泛。例如，在分配物品或者安排工作时，我们经常会遇到多余或是不足的情况，借助思维导图可以直观有效地掌握盈亏问题的解题规律，引出解题的线索。

（3）还原问题

还原问题是指已知一个数经过若干步运算后所得的结果，求原来这个数的应用题。

还原问题的解题思路：按题目所叙述的运算顺序，利用加与减、乘与除的逆运算关系，从已知的结果出发，逐步逆推，直至求得原数。

关系式：没有固定的关系式，关键是弄清每一步变化与未知数的关系。

【例】某数加上 10，减去 30，乘以 8，除以 5，结果是 400，求这个数。

分析：根据题目可知，

①除以 5 后，得数为 400，则未除之前得数应为 $400 \times 5 = 2000$；

②乘以 8 后，得数为 2000，则未乘之前得数应为 $2000 \div 8 = 250$；

③减去 30 后，得数为 250，则未减之前得数应为 $250 + 30 = 280$；

④加上 10 后，得数为 280，则未加之前得数应为 $280 - 10 = 270$。

因此，综合式应为 $400 \times 5 \div 8 + 30 - 10 = 270$

答：这个数是 270。

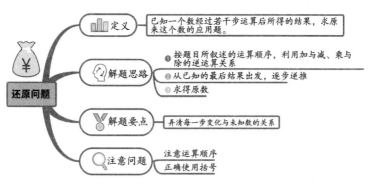

图 3.34　还原问题思维导图

熟练掌握和运用还原问题的解题思路，借助思维导图，可以进一步加强学生的分析能力、综合能力和简单的推理能力。

（4）行程问题

行程问题是反映物体匀速运动的应用题，它包含行程问题、相遇问题和追及问题等。行程问题涉及的变化较多，有的涉及一个物体的运动，有的涉及两个物体或两个以上物体的运动，但不管怎么变化，它们所涉及的共同要素无非就是速度、时间和路程，下面我们来分析一下相遇问题的解题思路。

相遇问题和一般的行程问题区别在于，它不是一个物体的运动，所以它研究的速度包含两个物体的速度，也就是速度和。简单的题目可直接利用公式，而复杂的题目则需要变通后再利用公式。

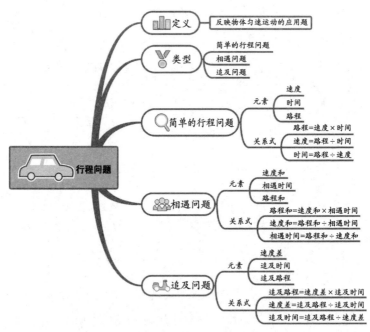

图 3.35　行程问题思维导图

关系式：速度和×相遇时间 = 路程和

路程和÷速度和 = 相遇时间

路程和÷相遇时间＝速度和

【例】南京到上海的水路长 392 千米，同时从两港各开出一艘轮船相对而行，从南京开出的船每小时行 28 千米，从上海开出的船每小时行 21 千米，经过几小时两船相遇？

分析：根据相遇问题的关系式，可得出：

解：392÷（28＋21）＝8（小时）

答：经过 8 小时两船相遇。

行程问题是近年中考的热点题型，借助思维导图，熟练掌握行程问题的基本公式和基本题型，能够有效锻炼我们的理解能力。

数学学习讲求多听讲、多理解和多计算，解题要细心和耐心，思考问题要周到、全面。

第三节　英语

1. 思维导图与单词

英语是让很多学生和家长都头疼的科目，学习英语时最常遇到的问题，便是词汇不足。词汇不足的人在英文听、说、读、写各方面的能力都会受到限制，甚至失去对英语学习的兴趣。所以，词汇量的大小在英语学习中占有重要地位。

英文单词由最基础的 26 个字母排列组合而成，但是排列后产生的单词，不仅数量繁多，而且没有明显的规律，分分钟能把人绕晕。由于这些单词既零散又琐碎，因此也容易记得多，忘得快。单词的积累，往往需要进行反复阅读和记忆。一般认为，背单词是件既吃力又效果不明显的苦差事。实际上，若能采用思维导图来背单词，是可以提高记忆单词的质量的。

思维导图独特的发散思维，可以在单词与单词之间建立联系，使得单词不再是一个孤立的知识点，从而帮助学生从一个单词掌握一类单词，从一个句型延伸至多个变化。下面介绍一下英语单词的几种记忆方法。

图 3.36　现在进行时思维导图

（1）绘画法

这种方法适用于初学英语的学生。绘画法就像玩卡片识字游戏一样，只是需要学生动手将单词画成图画，手脑并用，加深印象。

有些单词非常适合画成图画，如各种水果、日常生活用品。但有些名词的概念是抽象的、笼统的，这时发挥自己的想象力，一样能画出帮助我们记忆的图画。比如，单词 Color，它是所有颜色的总称，无法用图画直接表示出来，但我们可以画出一些与它紧密关联的色彩，如红色 red、蓝色 blue、紫色 purple、黄色 yellow 等。

在绘制思维导图时，应灵活运用色彩功能，每个分支下都有具体的例子，这些单词的颜色和形象十分鲜明，易于记忆。

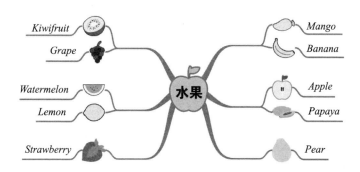

图 3.37　绘画法思维导图

（2）分类归纳法

简单来说，就是将单词分门别类地进行记忆。思维导图的归纳能力十分强大，我们要充分利用这一功能。按照难易程度来分，低难度的单词多是日常生活用词，如食物、植物、动物、家庭等；中等难度的单词是高年级才学到的，如政治、经济、文化、教育、社区、环保等；高难度的单词一般是人们接触比较少的专业术语，如医疗、国防、科学技术、生物、心理学等范畴的词汇。思维导图可以轻松完成单词分类，而且可以根据需要填写适合自己记忆的图像或文字注解。

需要注意的是，使用这个方法要实事求是，合理安排，有些暂时涉及不到的高难度单词没有必要埋头苦背，以免将最基本的词汇落下。

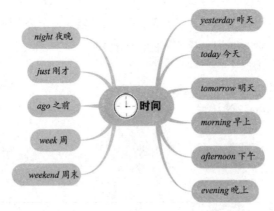

图 3.38　分类归纳思维导图

（3）关联记忆法

这种方法适用于互有关联和规律的单词。我们总是在不停地学习新单词和复习旧单词，有些新学的单词涵盖了学过的旧单词，如 handsome（英俊的）可以拆分为 hand（手部）和 some（一些）两个单词，只要找出两者之间的勾连关系，记忆 handsome 这个单词就会变得非常简单。这样我们不但对新单词印象深刻，还能复习旧单词。这也是思维导图一直倡导的发散思维。

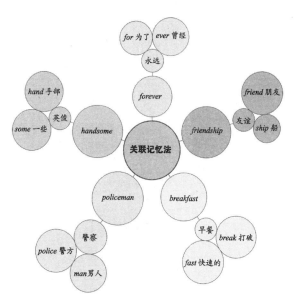

图 3.39　关联记忆思维导图

（4）词缀记忆法

观察下面的思维导图可以看出，它给出了一个中心词缀"ight"，而它的 6 个分支上，后半部分都是相同的"ight"，只有为首的字母不一样。这种激发思维的方法能让我们记住很多相似的单词，非常有效，而且对于拓展思维有很好的训练作用。

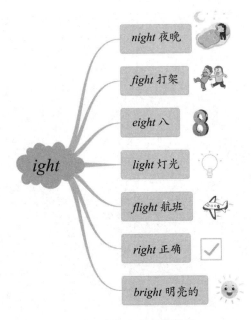

图 3.40　词缀记忆思维导图

（5）近似音记忆法

这种方法需要我们不断地积累词汇，相当于分类归纳，把发音相近的单词归为一类，在记忆的同时进行对比和联想。而且因为思维导图的灵活性，可以随时添加新的近似音单词。

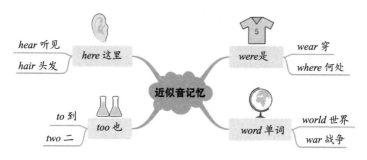

图 3.41　近似音记忆思维导图

（6）故事记忆法

这种方法是指将不同的单词组合在一起，编成一个小故事进行记忆，适用于记忆单元词汇。学习完一个单元之后，有些单词之间没有联系，可以把它们编在一起，画成一幅思维导图。复习时只要看到这个故事，就能记住整个单元的单词。

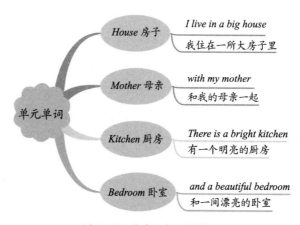

图 3.42　故事记忆思维导图

需要注意的是，记忆单词不能陷入误区：

①不能过于依赖某一种记忆方法。每种方法都有其独特之处，但同时也具有片面性，所以要根据实际情况灵活运用。

②欲速则不达。强迫自己在一个月内背下一本书的单词是不可取的，要一点一滴积累，坚持才是最重要的。

③词汇量不代表一切。有些人认为只要词汇量足够多，就能应付一切英语学习。这种想法是错误的。对词汇的反应速度、相近词汇的辨析、词汇的准确应用等，都至关重要。另外，英语发展至今，在使用中衍生了很多固定搭配，如固定的词汇搭配、语法搭配，搭配后的词义与原词义的意思相差甚远。有时虽然知道单词的意思，却不知道搭配在一起是什么意思，这是需要我们重视的一点。

2. 思维导图与阅读

传统的英语阅读聚焦的重点有 3 个：单词、语法、句子分析。很多学生对英语阅读会产生畏难情绪：首先，英语文章断句的标点很少，通常都是一个长句子；其次，它与汉语表达的语序不尽相同，跟我们的阅读习惯不同。学生看到繁杂且长的英语文章，第一印象就是深奥、难以理解和枯燥。他们会将焦点放在识别不了的单词、语法和长句上，而忽略文章本身的意思和传达的关键信息，过于纠结不懂的单词和句子，进而影响了阅读的兴趣和钻研的欲望，积极性遭到打击，考试时还会浪费很多时间。

用思维导图来进行英语阅读是一种很好的方式。它可以有效地促进对语言的应用和实践，利用其特有的图像、颜色功能，能快速分析和提取关键信息，让学生把注意力放回到文章上面，避免浪费多余的精力，提高阅读效率和效果。除此以外，它在分析和判断、内化与运用上也能起到良好的效果，帮助学生将学到的知识转变为自己的个人能力。下面我们来看看思维导图在英语阅读中的具体应用。

（1）找出中心点

思维导图是发散性的，其思维模式由内到外向四周散射，通过颜色、图形、关键词、线条等逐步分析。所以，首先要做的就是聚焦于明确的、核心的文章主旨。

（2）文章分析

找到文章的中心之后，便可以进行细致一点的语句分析。对于长难句，一般只有一两个单词是陌生的，根据文章的主旨加上思维导图的细节分析，便能理解其大意，继而找到题目的答案。

英语阅读理解的题型并不太复杂，一般有细节理解题、推理判断题、词义猜测题和中心思想题等。

①细节理解题，一般是选择题，要求对文中的某个细节、实践、人物进行辨认。

②推理判断题，一般是让我们找出符合文章逻辑的结论。要根据文章的内容来判断作者的思想倾向和观点态度，隐含的信息较多。

③词义猜测题，这种题目比较简单，关键词一般比较明显，联系上下文的逻辑关系就能找出来。

④中心思想题，一般要自己归纳和总结，用思维导图梳理出各段的大意，根据作者的观点和叙述的论据进行概括。

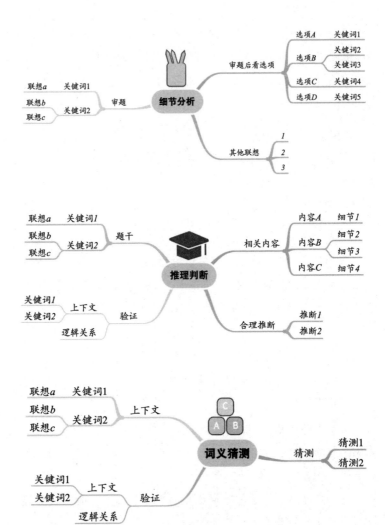

图 3.43 阅读理解思维导图

　　用思维导图绘制英语文章的过程，实际上也是锻炼学生整合知识和组织能力的过程。在思维导图的帮助下，学生可以更高效地理解和熟悉文章的架构，还可以根据自己的理解自由添加和修改，从而开发创造性思维。

图 3.44 英语写作思维导图

3. 思维导图与英语写作

　　写作是重要的英语技能之一，是英语表达能力的一种体现。但写作又是英语学习中的一个难题，词汇、语法、句型句式、写作模板、所要运用的经典名句等，如果没有足够的储备，写出的作文就会枯燥乏味、平庸无奇，英语成绩更难以提高。不过，如果采用思维导图的方式来进行英语写作，我们的写作思路将会很清晰，也能全方位地考虑如何组织材料和语言，在英语写作中做到胸有成竹。

按照思维导图的模式，写作时首先要考虑的是：

（1）构思框架

写什么？怎么写？这是我们首先要面临的问题，简单来说就是做好审题工作。文章框架构思得不好，写作便很难进行。英语作文一般会给出一个特定的主题，我们需要考虑的是，这个主题涉及的词汇有哪些？用思维导图的发散思维来构建框架、寻找词块是一个很好的方法。比如，seasons 这个主题的作文，可以选择 weather、clothes、things、activities 四个关键词，然后发散思维，每个关键词可以选择更多的内容。又比如，以《How to learn well》为题写一篇作文，我们应该如何利用思维导图来整理好写作框架呢？具体可参考下图：

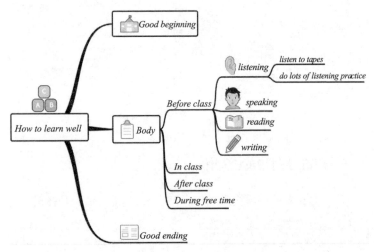

图 3.45　《How to learn well》写作思维导图

（2）选好材料

完成基本框架之后，接下来就是选材。我们需要继续发散思维，在构建框架的过程中，确定好素材，如参考同题材的作文，构思合适的写作材料和句子等，使各部分连贯起来。

（3）组织语言

根据思维导图选择好的材料对作文进行写作，要正确使用句型结构、时态语态和人称变化，避免发生语法错误。句式方面力求生动、简洁，不能重复使用单一的句式，尤其是承接上下文的句子。写作时要注意紧扣主题，语句流畅、准确。

第四节　历史

历史是一门知识性很强的学科，涉及的内容复杂而抽象，包括经济、政治、军事、文化艺术、科学技术等众多领域，具有跨度大、知识点密集、信息量大等特性。除了人物、事件纷乱繁复外，事件的背景、原因更是曲折难辨。学生一方面觉得历史故事有趣、画面感强，一方面又觉得知识点太多，难以抓住重点，时间、人物、事件就像一盘"大杂烩"，记住这点就忘了那点，经常需要反复记忆和背诵，而取得的效果却不甚明显。另外，某些历史现象晦涩难懂，且容易混淆，以至于考试时还可能出现"指鹿为马"的答案。

硬背不如巧记，理解性的记忆可以记得更牢。尤其是对于历史这种记忆量大的科目，厚厚的几本书，内容多、头绪多、线索多、细节多……如果没有科学的记忆方法，就很难把握好。思维导图作为一种新型的、强大的思维工具，可以通过图文并茂的形式将我们的想法和思路可视化，使杂乱无章的知识变得井井有条，易于理解和区分。因此，在学习历史知识时，利用思维导图作为桥梁，可以轻松承载历史"车轮"的厚重，提高学习效率，获得良好的学习效果。

具体来说，利用思维导图学习历史的好处如下：

①主题突出。当我们将密密麻麻的历史笔记转化成直观、简洁的思维导图时，可以得到一幅中心明确、主题突出、全面完整的历史事件图。

②容易理解。思维导图层次分明的分支结构，可以让学生在填写每一个分支的关键词时都得到二次消化的效果。因为思维导图除了文字以外，还能运用图片、符号甚至自创的图画来加深对关键内容的理解与记忆。而且每一个关键词之间用线条或符号进行连接，以表示它们的内在联系，这种具有逻辑性的视图使学生容易接受。

③高效灵活。试想一下，如果在期末考试时需要复习 10 个单元的历史知识，那么就相当于要阅读一本厚厚的历史笔记，而一张思维导图便能总结一个单元的重点内容，在复习时只需要阅读 10 张简洁、有条理的思维导图，学生就可以节省更多的时间去巩固其余的知识点，提高复习效率。

下面介绍几种利用思维导图记忆历史知识的方法：

1. 归类记忆法

归类法的主要作用是将课文内容和重点知识系统化、条理化，在锻炼自身归纳能力的同时，使知识点易于理解和记忆。它特别适用于考试前的单元总复习，而且这种方法可以根据历史学科的特点细分成 3 种类型：

（1）同类事件的归纳

这种方法突破了时间的限制，以类似的事件进行叠加记忆。

比如，归纳中国文献历史之最：

中国最早的诗歌总集《诗经》。

中国最早的完整历法《太初历》。

中国最早的医书《黄帝内经》。

中国最早的纪传体通史《史记》。

中国最早的断代史《汉书》。

中国最早的（也是世界最早的）茶叶专著《茶经》。

（2）同一时间的归纳

也就是以时间为线索进行归纳。归类记忆法既有利于牢固记忆历史基础知识，又有利于加深理解历史发展的全貌和实质。比如：

1937 年，中共中央政治局在延安召开扩大会议；中共中央召开全国代表会议；"七七事变"爆发；平津沦陷；"八一三"事变爆发；中苏签订《互不侵犯条约》；平型关大捷；南京大屠杀。

（3）同类人物的归纳

也就是按照历史人物的特性，把类似的人物归到一起。这样既能形成系列化知识，又可避免相似人物间的混淆，还可发现并掌握同类人物的共同特点和规律。比如：

封建君主：秦始皇嬴政、汉武帝刘彻、汉光武帝刘秀、隋文

帝杨坚、唐太宗李世民、宋太祖赵匡胤、元太祖成吉思汗、明成祖朱棣、清圣祖康熙等

文学家：屈原、司马迁、李白、苏轼、杜甫、韩愈、柳宗元、欧阳修等

医学家：扁鹊、华佗、张仲景、皇甫谧、孙思邈、李时珍、马希麟等

政治家：管仲、商鞅、李斯、诸葛亮、王猛、魏征、王安石等

科学家：张衡、刘徽、祖冲之、郦道元、徐光启、蔡伦、贾思勰等

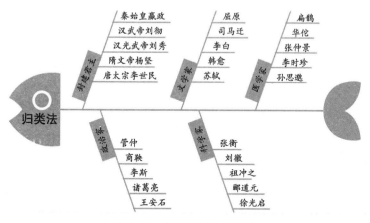

图 3.46 归类记忆思维导图

2. 对比记忆法

这种方法适用于记忆同类型的历史事件。通过对比，我们可

以找出差别，并且不至于将两者混淆。历史的演变、朝代的更迭总有相似之处，如农民起义、政治改革、经济改革等。这些事件有很多相似的背景和原因，采取对比法能有效地掌握它们之间的异同，更利于学生理解和记忆。比如，鸦片战争和第二次鸦片战争的对比：

相同点：①从原因和目的来看，都是为了打开中国市场，将中国变为英国等国家的商品销售市场和原料产地。②从性质上看，都是非正义的殖民掠夺战争。

不同点：①从程度上看，鸦片战争使中国开始沦为半殖民地；第二次鸦片战争使中国半殖民地的程度加深。②从侵略力量上看，鸦片战争的侵略者只有英国；第二次鸦片战争则是英法两国出兵，美俄参与。③从时间上看，鸦片战争是 2 年多，第二次鸦片战争则长达 4 年之久。④从侵略范围来看，鸦片战争主要在长江以南的沿海地区；第二次鸦片战争则从沿海一直深入到北京。⑤从危害和影响来看，鸦片战争开通了 5 个口岸，香港岛被割占，中国的领土、司法、关税等主权被破坏；第二次鸦片战争增开了 10 处口岸，沙俄割占了我国东北、西部的 100 多万平方公里土地，中国内河航运权丧失，中国的主权进一步遭到破坏，外国侵略势力由中国沿海深入到内地。

3. 分支记忆法

历史横跨的时间从古到今，如果要拼凑出它的全貌，就要理清历史的脉络，对每一个历史阶段进行总结和梳理。分支法是思维导

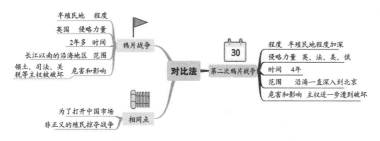

图 3.47　对比记忆思维导图

图中常用的一种方法，适用于多个学科。比如，鸦片战争到五四运动的这一段历史时期，可以用分支法进行整理，文字表述如下：

　　主体：这一历史时期是中国逐渐沦为半殖民地半封建社会、中国人民不断进行反帝反封建斗争的历史时期。

　　分支：①资本主义列强主要发动了 5 次对华侵略战争：鸦片战争、第二次鸦片战争、中法战争、甲午中日战争及八国联军侵华战争；②中国人民掀起了 3 次革命浪潮：太平天国运动、义和团运动及辛亥革命。

　　小分支：①虎门销烟（鸦片战争的导火索）；②二次革命、护国运动及护法运动（辛亥革命的延续）。

4. 数字记忆法

　　数字法的原理是将历史知识概括成以数字开头的句式，它建立在理解的前提下，如以年代特征、因果关系、时间段及利用数

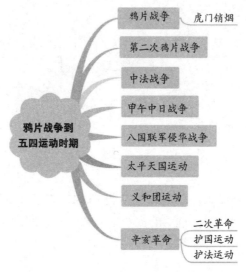

图 3.48　分支记忆思维导图

字的对称性来记忆知识点。

（1）数字的对称性，如 ABA 型：626 年，玄武门之变。AB-AB 式：1616 年，努尔哈赤称汗，建立后金。

（2）数列的等差性，如 1923 年，孙中山发表和平统一宣言；1925 年，孙中山在北京逝世；1927 年，蒋介石发动"四一二"反革命政变；1929 年，上海反帝大同盟成立。

（3）数字的因果性，如 1911 年孙中山领导的辛亥革命爆发，推翻清政府统治；1912 年中华民国临时政府在南京成立，孙中山就任临时大总统，之后袁世凯窃取革命果实；1913 年"二次革命"失败，孙中山逃亡日本，袁世凯当选正式大总统。

（4）数字的顺序性，如记忆隋朝大运河的相关内容：一条大动脉；200万人开凿；贯穿南北三地：涿郡、洛阳、余杭；分四段：永济渠、通济渠、邗沟、江南河；汇五河：黄河、海河、淮河、长江、钱塘江；经六省：河北、山东、河南、安徽、江苏、浙江。

图3.49　数字记忆思维导图

5. 规律记忆法

历史发展有其特有的规律，国家的兴替、革命的爆发都有其演变的规律，总能从中找到相似之处。分析重大历史事件一般从背景、经过、结果、影响等方面进行挖掘。比如，中国历代为何爆发如此多的农民起义事件？原因是众多的，背景是复杂的，但究其根源，是由阶级矛盾、生产力落后导致生存资源不足引起的。

又如，诸多农民起义，包括秦末的陈胜吴广起义、汉末的黄巾军起义、唐末的黄巢起义、明末李自成的农民军起义等。爆发的原因都有：土地兼并导致无地农民剧增，严重的自然灾害和沉重的徭役等。

6. 联想记忆法

分为纵向联想和横向联想，适用于按照历史事件发展的先后顺序和因果关系，来揭示整个过程的来龙去脉。

（1）纵向联想，如中国社会主义建设的过程：经济恢复时期（1949—1952），过渡时期（1953—1956），探索时期（1956—1966），"文化大革命"时期（1966—1976），改革开放以来的历史新时期（1978至今）。

（2）横向联想，指根据同一时期不同的历史背景和事件来产生联想。如1860年，英法联军火烧圆明园，由此想到后续一系列的事件：第二次鸦片战争结束，清政府被迫签订《天津条约》《北京条约》，沙俄占领中国东北，吞并乌苏里江地区等。

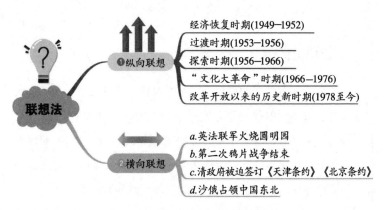

图 3.50　联想记忆思维导图

第五节　地理

地理是研究地理环境和人类活动之间关系的一门学科，其中，地球表层的相互作用、空间差异的变化过程是学习的重点。要想运用思维导图学好地理，首先要掌握其核心概念和学科特点。

1. 核心概念

（1）空间概念。简单来说就是空间思维，因为一切地理事物都呈现出一定的地理空间。这对学生来说是最基础也是最难的一个点。

（2）人地概念。人类活动与环境资源的相互作用、影响，涵盖了土地、人口、经济、城市建设的内容。

（3）变化概念。地理环境并不是一成不变的，应关注全球生态环境的变化，人类在其中扮演的角色以及对环境的适应程度。

（4）时间概念。即环境随着时间推移产生的变化过程。这需要我们关注生态环境演化的周期、发育、状态、机制、原因、后果等问题。

（5）区域概念。主要关注每个地方之间的地貌差异、气候差异及其共通性，涉及资源、环境、经济、文化的认识意义和实践价值。

（6）系统概念。地理学知识发展至今，已经拥有一套整体性、系统性的知识体系和研究方法。

（7）尺度概念。这是地理学科中尤为突出和重要的一个概念。无论是时间还是空间，都有尺度性。地界的划分依据、全球尺度、区域尺度，其意义在于为研究结果的实践转化提供技术支持。

（8）景观概念。景观是指地球形成的自然地貌形态，与地球漫长的演化历史息息相关。景观是多样性的，需要重点关注其形成的原因和条件。

（9）全球化概念。交通与通信技术的快速发展，使得人类活动、经济活动在全球范围内的空间和地域距离不断压缩，这种现象被称为"全球化"。全球化主题在如今的地理学中占据着重要地位，是学生需要重视的知识内容，应正确把握地理的全球化观点和理论。

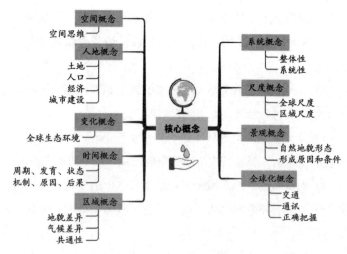

图 3.51　地理核心概念思维导图

2. 学科特点

（1）空间性。地理学科的空间性是一个三维空间，涵盖了经度、纬度和高度。我们需要掌握空间结构、空间分布、空间位置和空间联系的异同。认识某一个地方或者区域，需要宏观地了解其空间位置，如它所在的经度、纬度、海陆位置，以及在政治和经济上的地位。接着，充分研究地区内部的地理分布情况，如地形、湖泊、河流、气候、植被、降水量、交通线路等。

（2）区域性。地球的地理环境多种多样，人们一般将其分成不同类型的区域加以理解。比如，行政区域、自然区域、人文区域、功能区域，拥有丰富的层次性、差异性和整体性。要认识某个地区，就要通过区域认识其地理事物，包括从区域特征、区域信息、区域联系等进行分析和评价。

（3）动态性。地球样貌看似是静止的，实质上处于不断的运动、变化之中，但是变化是漫长的，具有周期性，每个区域因为地壳板块运动的不同而有着不同的演化形态，所以我们要用动态的眼光看待地理问题。

（4）综合性。地理学涵盖的内容是多方面的，包括自然科学和社会科学，涉及大气、生物、水文、土壤、资源、人口、交通、城市、工业、农业、科技等。每一个方面都互相影响、互相作用、互相制约。研究一个地区，要把它当成一个整体来看待，综合各部分的要素进行分析。

（5）开放性。地球不是密封的，而是开放的，区域之间每时每刻都在进行着物质、能量、信息的交流与传递。这些传递不仅指自然环境，也包括人类活动。

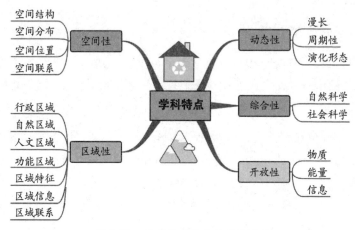

图 3.52　地理学科特点思维导图

如今的地理课本大多按照单元主题来学习，这种方式非常适合用思维导图来构建知识体系。理清了一个单元的知识点框架后，我们会得到一个宏观的认知，这个框架就等于一个学习提纲，自己动手整理的学习提纲可以让我们在学习的过程中思路更清晰，进一步强化知识。它还能培养学生的独立思考能力和合作交流能力，过程中难免遇到困难，但在尝试自主解决问题或创造新思维后，即使思考方向是错误的，未能解决问题，也能从中得到锻炼，这正是思维导图一直倡导的学习模式。

以高中的地理学习为例，思维导图在预习和复习方面可以起到很好的作用。

①预习。在地理学科的学习过程中，课前预习的作用不容小觑。在预习时利用思维导图进行框架整理，学生会对学习的知识有一个全面的、整体的把握，并且在梳理知识点时，对整个单元的重点、难点有一个清楚的认知，这样的课前预习才是有效的。

利用思维导图进行预习时，应注意以下几点：第一，细读两到三遍，整理出基本的知识框架，绘制成思维导图；第二，根据课文的内容划分重点，并提炼出相应的关键词，一一填写在对应的思维导图分支上；第三，标记难点，在预习的过程中主动寻找疑难之处，提炼出问题的关键词，在思维导图中使用不同的颜色对其进行标记，如黑色表示理解，绿色表示疑惑，黄色表示无法理解等。这样可以明确地知道自己对知识的掌握情况。

②复习。地理学科的复习除了基础知识的掌握，还要提高解题的水平、锻炼对题目的分析能力。高一到高三的地理知识都有不同的侧重点，而高三的地理知识和考试题目侧重于考察学生的思维能力和分析能力。因此，在运用思维导图对高中的地理知识进行复习时应注意以下两点：

第一，对预习时绘制的思维导图进行二次梳理，因为预习工作和老师讲解的内容肯定有不同的侧重点，特别是重点内容的梳理，因此对两者进行比较是很有必要的，找出不同点，及时查漏补缺，解决问题。

第二，对于老师讲授的知识，可以做成一幅简单的思维导图笔记，强化知识点。因为在课堂上注意力会更加集中，大脑、手、眼睛和耳朵同时运用，能提高器官的灵活性和敏感度，记忆也会更加深刻。

3. 记忆方法

（1）画面记忆法

细心观察中国每个省份的地图，发挥自己的想象力，联系日常生活：云南就像一只骄傲的孔雀，河南就像一把弓箭，辽宁就像一轮弯月，广西就像一头勇猛的虎首，黑龙江就像一只体态优雅的天鹅……这种形象、生动的比喻使我们的大脑产生直观的图像，易于记忆。

地理知识有很多种表现形式，如地图、图表、模型、标本和实地考察，学生通过阅读和观察获取了一定的印象，而这些工具带给学生的则是直观的形象，可以帮助学生把语义、概念联系结合。比如，学习了"自转"和"公转"这两个概念后，学生通过观察和摆弄地球仪，便能在头脑中形成自转和公转的画面，并能联系其他相关的概念，如自转和公转的方向都是自西向东，它们的周期分别是多少，具有什么样的地理意义。这就是画面记忆，它得益于地理事物鲜明、生动的表象，是记忆地理知识的重要方法之一。需要注意的是，运用画面记忆法时，一定要和有关的知识点、概念相结合，这样才能事半功倍。

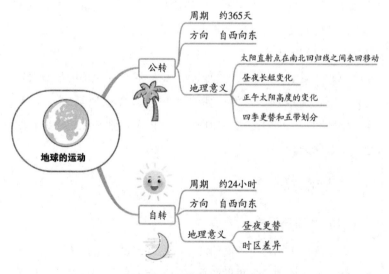

图 3.53　画面记忆思维导图

（2）精简记忆法

精简记忆法的原理是将复杂的内容、图片、路线等进行简化，掌握重点，易于记忆。比如，世界地图看起来相当复杂、烦琐，但只要我们进行概念上的划分，便可以精简成简便的板块。世界由海洋和陆地组成，这是两个大的概念，其中海洋的面积占71%，如此大的面积可以精简为四大洋：太平洋、印度洋、大西洋、北冰洋。而陆地可以精简为五个大陆：亚欧大陆、美洲大陆、非洲大陆、南极洲大陆、澳大利亚大陆；还可以分为七大洲：亚洲、欧洲、非洲、北美洲、南美洲、大洋洲、南极洲。以此类推，将每一层抽丝剥茧，脉络清晰，易于记忆。

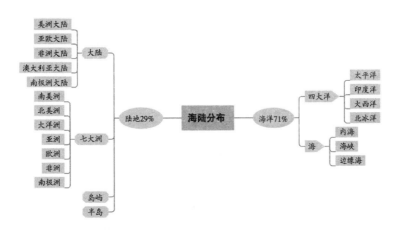

图 3.54　精简记忆思维导图

（3）理解记忆法

顾名思义，这种方法倡导的是在理解上下功夫。地理学包含了许多概念和规律，对所学的知识进行分析、消化、理解和吸收后，找出其内在联系和规律，再进行记忆。这种思路最接近于思维导图的思维模式，如世界气候的形成，首先要知道有多少种气候类型，分别分布在哪些地区，每种气候的差异在哪里，影响这种气候的因素有哪些，与人类活动有何关联等，理解了这些知识，就能更好地进行记忆。

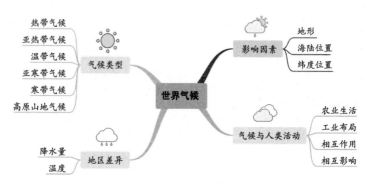

图 3.55　理解记忆思维导图

（4）归纳记忆法

这种方法适用于所有学科，是学习的"万能法"之一。对知识进行分类、归纳和总结，如果用笔记的方式，效果是有限的，但如果用思维导图的方式呈现出来，这些知识点既是剥离的，又是集中、统一的。在思维导图这棵"大树上"，知识点有条不紊地分布在枝干上，形成一个大的知识框架。

比如，记忆我国矿产资源的基本特征，首先要了解矿产资源属于自然资源。自然资源是指自然界中对人类有利用价值的物质和能量，分为可再生资源和非可再生资源，总体特征是总量丰富、人均不足，这是对这一知识点的总结。而矿产资源主要分为煤、石油、天然气、铁矿、有色金属矿 5 类，这便是分类。通过这种方法，就可以轻松记忆知识点。

图 3.56　归纳记忆思维导图

第六节　化学、物理

1. 化学

化学是一门自然科学，与我们的生活息息相关，小到吃穿住行，大至资源开发、国防建设、环境保护等，都与化学有着密切的联系。

作为一门学科，化学大致有以下特点：

（1）以实验为基础；

（2）有一套整体的、集中的基本概念和理论知识；

（3）以理论为依据，探索物质的性质及其变化规律；

（4）化学用语、公式较多，且需要记忆；

（5）充满变化和发展，包含了丰富的辩证唯物主义观点。

基于以上学科特点，思维导图对我们学习化学起到的最大辅助作用，就是总结和记忆各种化学专业词汇、公式、概念、定律等。

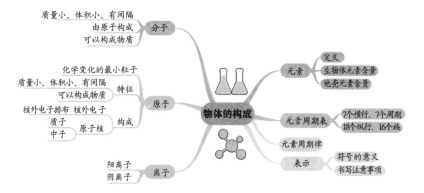

图 3.57　物质的构成思维导图

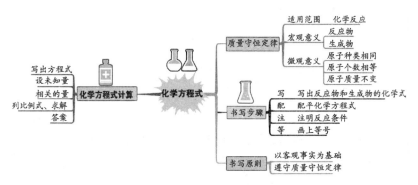

图 3.58　化学方程式思维导图

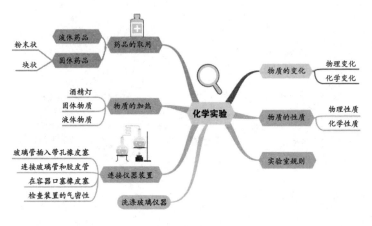

图 3.59　化学实验流程思维导图

2. 物理

物理是研究自然界物质基本规律的一门科学。物理是一门科学学科，而不是工具学科。它以感知为基础，重视探索真理，讲究分析和解决问题，层次丰富多样，对学习能力的要求很高，也很全面。化学起源于物理，二者互相兼容，很多问题都可以从物理或化学的角度进行回答，但物理研究的是物质的物理变化，不涉及新物质、分子的产生；而化学研究的是物质内在的化学变化，分子会分解或重新组合。

用思维导图学习物理的方式与化学十分相似，除了能帮助我们理解物质运动的原理以外，还能够开拓思维，归纳、总结诸多知识点。

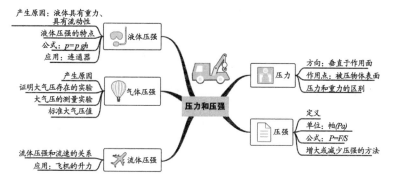

图 3.60 压力和压强思维导图

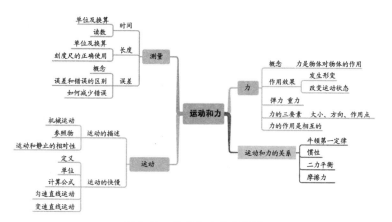

图 3.61 运动和力思维导图

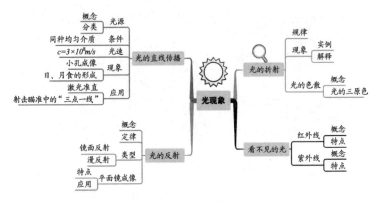

图 3.62　光现象思维导图

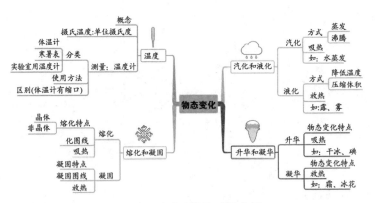

图 3.63　物态变化思维导图

第七节　思维导图与复习

我们常说"温故而知新"，复习本身就是一个承上启下的环节，对学过的知识进行系统性的总结，以便查漏补缺、攻克难点。通过复习，我们还可以检验自己阶段性的学习成果，对于已经熟练掌握的知识可以加深印象，对于尚未理解和掌握的知识可以进行复习和巩固，同时也可以为下一阶段的学习打下坚实的基础。

复习时，通常会涉及之前学过的所有知识，倘若复习资料杂乱无序，自己都不知道从何处入手，肯定既浪费时间，又难以取得好的复习效果。所以，复习资料越有序、系统，复习的效率就越高。复习大纲类的思维导图就如同一台导航仪，从最重要的信息出发，分解内容，同时不断扩展分支，将知识点进行细化，能够延伸出所有的核心要点。

绘制复习思维导图的具体步骤如下：

①通读上一阶段的知识要点，运用整体性思维，将这些知识进行归类整合，在脑海中呈现整体框架构思。

②逐一提炼每个部分的关键知识点，提取关键词，添加每个部分的细节内容。每一个主题都要用关键词或图形来表达。为了增加趣味性，还可以画一些彩色小图标来加以识别。下面详细给出文科复习的一些重要知识点总结思维导图。

1. 文科复习

(1) 语文复习思维导图

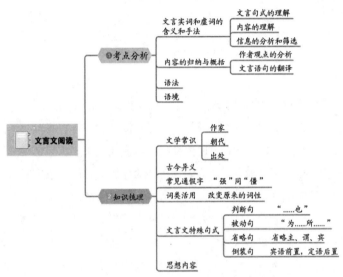

图 3.64　文言文阅读思维导图

　　首先我们来看一下文言文阅读，无论是面对中考、高考还是平时的测验，文言文阅读的复习总体来说要做到以下 3 点：

　　①立足教材

　　立足教材的目的是巩固基础，这里要分两部分来讲，中考的文言文阅读材料多是从课文中选取，因此要熟练掌握课内的知识；高考的文言文阅读材料多是从课外选取，范围较广阔，但对于基础较差的学生来说，教材仍是复习文言文阅读必不可少的工具，因为课本中的文言文都是经过精挑细选的经典古文，包含了许多重要的基础知识。认真学好课本中的文言文，可以达到触类旁通的效果。

②积累知识

文言文基础知识的复习可以从 3 个方面进行：文言文实词积累、文言文虚词积累和文言文名句积累。

对文言文实词的考查主要集中在一词多义、古今异义、词类活用以及通假字这几个方面。一词多义需要结合语境判断其含义；古今异义是理解和翻译文言文的难点；词类活用要根据文章的整体推断其用法；通假字是字音相同或相近的现象，需要熟记。这些知识点都应该根据教材进行集中整理和积累。

文言文虚词的积累在初中和高中有所不同，以初中为例，课本中常见的虚词有：因、虽、之、乎、焉、且、以、而、为、者、其、则、于、然等。文言文实词和虚词的全面积累，也是文言文翻译不可缺少的强大辅助。

文言文名句积累可以帮助我们掌握许多特殊句式，如判断句、被动句、倒装句等，也可以帮助我们更好地理解文言文的思想内容，还可以提升默写题的准确率等。因此，教材中要求背诵的篇目和重点句子需要熟练背诵。

③梳理归纳

积累了一定的文言文基础知识后，要注意整理和归纳。按照知识的构成部分形成体系，以便掌握规律，思维导图的辅助能力可以周密有序地对各个知识点进行梳理，使知识形成系统。

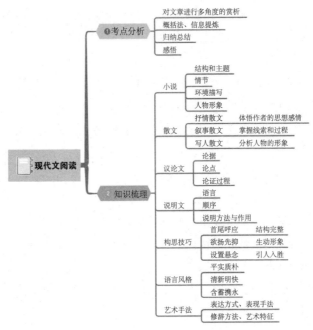

图 3.65　现代文阅读思维导图

在语文学习中，除了文言文，现代文阅读同样重要。现代文阅读有一定的步骤和方法，重点要从现代文阅读的常见题型和解题思路这两个方面进行复习。我们首先要根据文章的内容来判断其体裁，现代文的体裁包括议论文、记叙文、说明文、应用文等，体裁确认后，根据题目要求分 3 个步骤对文章进行细化：

A. 初读，感知内容，对文章进行整体略读。

B. 细读，体会思想感情，选择重点段落进行多次精读。

C. 审题，根据题目要求对文章进行分析理解，紧扣题目作答。

现代文阅读常见的题型有内容问答、内容概括、主题概括、思想感情表达，以及对文章的语言风格、艺术手法进行鉴赏。需要注意的是，在复习时要练习提升阅读文本的速度，以防在考试时答卷时间不足；在回答问题时要抓住主旨，在平时的阅读练习中可以借助思维导图来筛选关键信息和关键词。

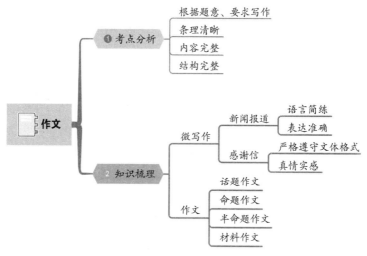

图 3.66　作文思维导图

除了阅读理解，作文写作也尤为重要。作文是语文复习中的难点，写作要靠平时的积累和练习。对于写作水平较差的学生，要在复习中做好以下两点，考试时就不会一头雾水。

A. 审清题目，明确文体要素。考试作文一般分话题作文、命题作文、半命题作文和材料作文 4 类，确定写作方向后，用哪种文体进行写作要仔细思考。有很多同学还不知道各种文体的写作规范，譬如最常用的记叙文，它需要具备六要素，并且分为倒叙、插叙和顺叙几种写作顺序；有些同学知道议论文，但却不知道什么叫做论点、论据和论证；写说明文时，有些同学不知道如何对事物进行说明和介绍，抓不住事物的特点，或者写起来没有条理性、知识性和通俗性等。所以，我们在复习时要弄清楚各种文体的写作要求和常规写法，并且加强各种文体的写作练习。

B. 了解命题趋势，做好阅读积累。关注近几年的命题动向，可以使我们在复习时更有侧重点和针对性。另外，写作水平的提升不是一朝一夕的事，主要还是靠平时的阅读和写作积累，多读多写可以有效锻炼逻辑思维，让我们在写作时能够做到条理清晰、表达完整、紧扣题目。

（2）英语复习思维导图

英语复习要从单词、词组、句型和语法四大方向着手。单词是英语学习的基础，也是英语复习的重点，在听力、单项选择、完形填空、阅读理解和作文等所有题型中都有单词。因此，每个单元的单词必须熟读、熟写和熟记。另外，复习时可以根据词性归类单词，比如名词、动词、形容词等，在思维导图上列举出各种词性的特征和类别。

词组，也叫短语，是指由两个以上的词语组合而成的一个有意义的语法单位，相当于汉语的成语，是固定搭配，经常出现在单项选择的题目中。它分为名词短语、介词短语、动词短语、形容词短语、副词短语等，复习词组时要分类归纳，并和单词分类复习相联系。

英语的句型复习，可以从常用的基本句型延伸到复合句型和并列句型。基本句型有 5 种：①主语＋谓语，②主语＋谓语＋宾语，③主语＋谓语＋宾语＋宾语补足语，④主语＋谓语＋间接宾语＋直接宾语，⑤主语＋系动词＋表语。对句型的整理归纳有助于语法和作文复习，但句型并不等于语法，两者密切相关。它们

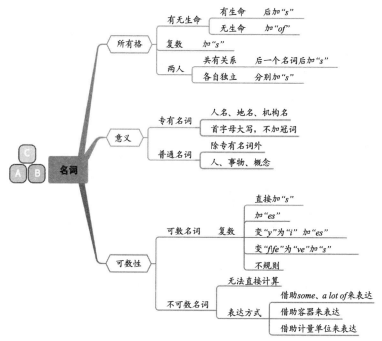

图 3.67　名词思维导图

的异同点需要我们特别注意。

　　英语的语法复习是不少学生头疼的问题之一，因为语法知识点较为零散，光靠死记硬背不能形成一个系统的认知，即只会背诵不懂运用。复习语法可分为两大部分：语法规则和语法规则的含义。语法规则可以通过教材和专门的语法书籍来掌握，再通过思维导图进行梳理和总结，形成系统的知识网。而比起语法规则本身，更重要的是理解其含义，这不是临时抱佛脚就能学好的，需要平时大量的练习和阅读文章，将语法放在具体的语境中才能深入领会。

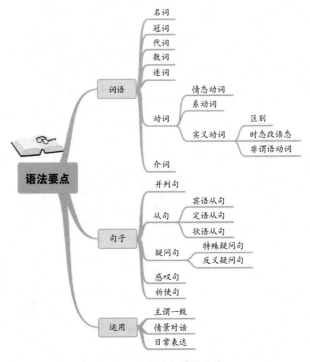

图 3.68　语法要点思维导图

（3）历史复习思维导图

　　历史是一门综合性很强的学科，有许多学生爱听历史课却怕历史考试，因为它的内容涉及多个领域的发展和演变，如政治、经济、文化、军事以及科学技术等，虽然精彩有趣但知识过于复杂、琐碎，难以全面掌握。因此，想要学好历史，不能只靠课堂上听讲，更重要的是做好复习。我们复习历史大体可分为 3 个阶段：

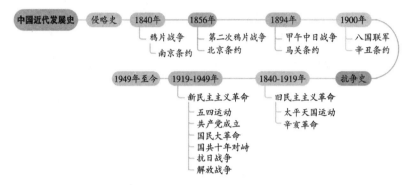

图 3.69 中国近代发展史思维导图

①巩固基础，抓住重点。

立足于教材是非常重要的，尤其是其中的目录、章节和引言，它们透露了许多有用的综合信息。譬如，目录能够整体概括出历史阶段的递进和特征；章节之间的标题互有联系；引言则可以提炼出每一个单元的重要事件、发展线索和宏观的历史背景。

另外，我们要特别注意章节中的关键词，关键词可以分为程度词和评价词，以此来记忆相关的历史事件。例如，程度词：中国半殖民地半封建社会的形成经历了"开始""大大加深"和"完全沦为"的阶段。评价词：中共十一届三中全会在中华人民共和国成立以来党的历史上具有"深远意义的转折"；遵义会议是党的历史上"生死攸关的转折点"。记住某些重要而特定的关键词就可以轻松地联系起相应的历史事件。

②加强联系，纵横比较。

以时间线为主轴，将一系列的历史事件变成线索，如以"中国近代史"为例，将侵略史、抗争史串成一条历史线索，便于记忆，这就是加强联系。我们还可以把同性质的事件分纵向或者横向进行比较，如美、英、法三大资产阶级革命，日本明治维新与中国戊戌变法等，总结出其中的规律和异同点。

③回顾总结，专项练习。

在历史复习的最后阶段，要对知识点进行系统梳理，查漏补缺。此外，还要对考试中的主观题进行专项练习，掌握常见题型的答题规律和答题思路，这就需要我们多做模拟试卷、多利用思维导图进行分析总结。

（4）地理复习思维导图

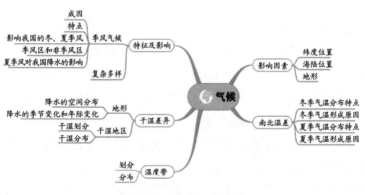

图 3.70　气候思维导图

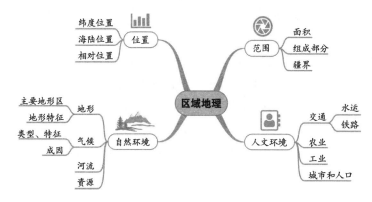

图 3.71 区域地理思维导图

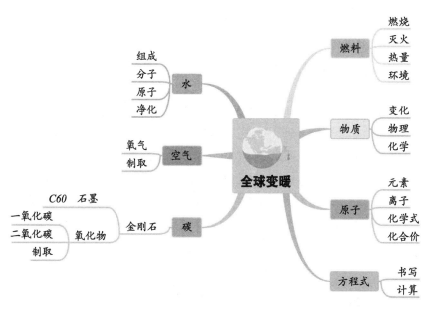

图 3.72 全球变暖分析思维导图

　　地理是一门实践性很强的学科，跨学科、门类较多，涉及许多自然现象、物理现象以及数学知识，对学生的综合能力要求很高。复习地理要做好以下 4 个方面：

　　①强化主干知识

　　强化每个单元的基本概念、基本原理和基本规律，如生态系统、气旋、地球表面热量分布不均的原因等；加强对各类图文信息的提取和分析能力，如原理图、示意图、景观图等。理解概念，掌握原理才能正确分析各种地理现象。

　　②注意知识点间的联系

　　地理环境是一个整体，各要素之间是息息相关的，如洋流变化和气候，农业与气候，植被的变化与气候等，我们既要把握地理环境的整体性，也要懂得从相互联系的各要素之中分析问题。这些关联性的知识点可以借助思维导图统一梳理，形成系统的知识网络。

　　③加强识图、画图能力

　　熟悉地图是学习地理的基本技能之一。密密麻麻的地图让不少学生望而却步。其实只要抓住地理特征，在掌握地图方面就能达到事半功倍的效果。譬如，有些同学总是记不住我国各省份的地理位置，这时我们就可以从地理轮廓特征入手。中国的地形像一只雄鸡，只要分开记忆鸡的头部、胸部、尾部和脚部各有哪些省份即可。另外，画图技能也要加强，这样才能应对考试中的绘图题，如地形学习需要懂得绘制等高线地形图，气候学习需要懂得绘制等温线、等压线等。

　　④总结规律，关注社会实际

　　每学习完一个单元的内容后，要及时进行梳理，总结章节之间的知识点和内在联系，找出规律，如世界气候的分布规律、环流系统暖流、寒流的分布规律等。多做模拟试卷，总结答题规律。另外，地理考试中的主观题往往会以社会热点为材料，因为地理问题与人口问题、资源问题、发展问题等密切相关。因此，我们在复习时还要关注社会实际。

2. 理科复习

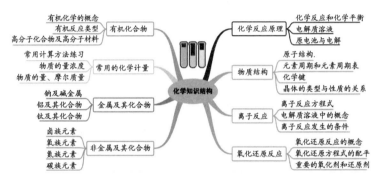

图 3.73　化学知识结构思维导图

（1）化学复习思维导图

化学来源于生活又应用于生活。它概念繁多，化学关系式复杂，学生对一些抽象概念往往感到困惑，因此复习时要从下列 3 方面着手：

①按章复习

化学以实验为基础，许多基本概念、基本原理、基本规律和物质性质等都是通过化学实验来验证的，如混合物、纯净物、化合物的组成等，十分考验学生的理解能力和推导能力。因此，第一轮复习时要按章节顺序梳理各类知识点，标记重点、难点，利用思维导图将所有知识点系统铺开，进行深入理解。

②专题复习

对课本里的知识点进行系统归纳后，再分模块进行二次巩固。以初中化学为例，课本内容可以分为4个专题：化学概念、元素及其化合物的性质、实验知识、化学计算。这四大块相互联系，可以以元素周期表为主线，把4个专题利用思维导图画出一个关系图进行重点复习。简单地讲，元素及其化合物的熟练掌握可以带动对化学概念、原理的理解，而化学计算的思维能够对实验知识、操作技能产生一定的辅助作用。

③综合练习

通过做一定量的练习题、模拟试卷，学生可以训练解题能力和技巧，掌握解题思路，熟悉各类题型。做完题后，学生可以对错题、易忘难记的知识点加深巩固，查漏补缺。另外，化学计算的书写原则要牢记，解题过程要规范。

（2）物理复习思维导图

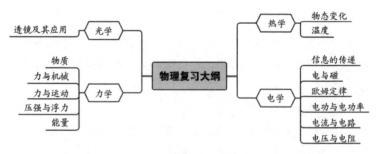

图 3.74　物理复习大纲思维导图

物理是一门科学学科，以实验为基础，实践性非常强。观察、实验和计算是学习物理的主要手段。要根据学科特点进行物理复习：

①立足教材，紧跟老师步伐

物理知识以理解为主，物理基础较差的同学通常逻辑思维能力比较薄弱，因此，考试前的复习必须紧跟物理老师的步伐。通常老师会提供考纲，分析考点，学生必须集中精力，围绕老师给出的考试范围对课本内容进行重点复习，建立考试大纲。

②借鉴近年物理考试题型

近几年的重大考试的物理真题具有重要参考意义，因为它们能够让我们迅速了解各类常见题型，把握题目的难易程度。就算是基础差的学生也可以通过对常见题型的练习掌握该类型题目的解题思路，总结规律，逐一击破，积累解题方法。

③研究错题，总结原因

物理知识点环环相扣，很多概念容易混淆，如匀速直线运动与平均速度，做功、热传递和内能等。如果不区分清楚，在考试中就会出错。因此，在物理复习的最后阶段，经过适量的练习后，我们要认真分析错题，总结出错的原因，回归课本，排查难点。

3. 调节考试压力

对于学生来说，考试是学习生涯中无法避免的事情。面对考试，我们通常会倍感压力，而压力的增加，对我们的记忆力也会产生一定的影响，这就是为什么我们在面对考试或者重大事情时，有时大脑会一片空白。而对不同的学生来说，他们产生心理压力的原因也各不相同：有的是因为还有很多知识点尚未真正理解，有的是心理惧怕，有的是担心考砸……这个时候，自己学会调节心理压力，就可以避免在考试的时候发挥失常。

（1）沉着冷静，自我减压

临考前降低心理预期目标，不要一味担心结果。带着一颗平常心，只要充分发挥自己的水平就不会遗憾。

另外，也不要随意预测考试结果，以免分散精力，加重心理压力，对考试产生消极干扰。我们要把时间尽量投入到复习中去。

（2）转移情绪，调节心理

心理学研究发现，情绪在人的生活、工作和学习中扮演着极其重要的角色。考试前，一定要想办法把自己的情绪调动起来，感觉紧张的话，可以听听舒缓的音乐，或到户外散散步，或找好朋友聊聊天。如果是在考试过程中感到紧张，则可以做深呼吸，调节心情。

（3）科学作息，防止疲惫

考试前一定要保证充足的睡眠，养精蓄锐去迎接考试。倘若睡眠不足，会导致大脑昏昏沉沉，思维处于抑制状态，考试时很容易分散精力，影响成绩。

（4）劳逸结合，消除焦虑

科学研究证明，适当地进行一些锻炼如散步、慢跑、游泳等，可以让人信心倍增，精力充沛。因为这些活动能让人的肌体彻底放松，从而消除紧张和焦虑的情绪。

（5）把握自己，调整节奏

考试前老师一般会带领学生进行系统的复习，这时要紧跟老师的思路踏踏实实地查漏补缺，同时也要结合自己的实际情况，适应老师的要求，做好最后阶段的复习。

除了调整心理状态外，还要在考试前做好备考计划，这时可以用思维导图来帮助我们规划备考事宜。

第一主干：制订考试的目标，如分数、目标院校等，并且要预想出两种结果，考上会怎样，后续的计划是什么；考不上会有什么后果，如何应对和解决。

第二主干：考试的心态。评估自己的心态，哪些是有利于考试的，哪些是需要抑制和调节的。

第三主干：具体行动。比如，怎样分清主次，把握重点；做多少题；细化到每个学科，规划好每一天。

第四主干：自我监督和反省。这一部分要阶段性地检验自己的复习成果，并且从中发现问题，及时补救。

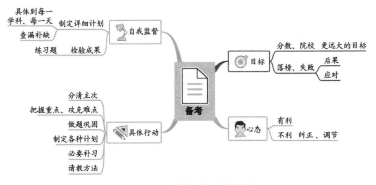

图 3.75　备考规划思维导图

最后还要注意一些考试时的细节问题：

①清晰填写个人信息，不要急于答题。

②浏览试卷，做到心中有数。

③审题清楚，不急不躁，看清题目的要求。

④书写清楚、工整，稳中求快。

⑤遇到难题时稳住心态，找到"题眼"，结合相关知识进行思考，寻找解题方法。

⑥不会的题目暂且搁置，先做自己熟悉的。

⑦仔细检查，不漏题。

第四章　开卷有益
——思维导图可以帮助学生提高阅读效率

训练阅读能力是提高学生语文综合素质的有效途径。思维导图作为一种全新的阅读辅助工具，可以将阅读材料的基本内容用图片和简练的文字呈现出来，帮助学生迅速理清阅读材料的具体内容，加深学生对于阅读知识的理解和掌握程度，将阅读的价值最大化！

第一节　阅读准备与规划

1. 确定阅读目的

想提升专业技能？

解决问题，寻找答案？

打发休闲时间？

积累文学素养？

对某个作者感兴趣？

……

一般来说，中小学生在校阅读是为了掌握课内知识；大学生在校阅读是为了补充课内知识的不足，扩展知识面，同时也可以为解决问题而寻求答案；相较学生而言，职场人士的阅读目的比较多样化：弥补专业知识空缺，寻求情感帮助，消耗休闲时间等。

2. 列出阅读书单

根据自己的阅读目的，列出书籍清单。

知道书名的书籍，可以直接在清单上列出，也可以根据类别利用搜索工具查询书名。

书店或者图书销售网站的热销榜、排行榜也能为选择书籍提供参考。

3. 藏书分类

分类的标准有很多，可以根据自己的实际需求和喜好进行摆放。比如，是否已经阅读、图书的类别、阅读兴趣、作者等。

4. 阅读计划

根据自己的学习、工作情况并结合阅读量来安排阅读时间。比如，每天睡前抽出 1 个小时阅读，一个月读完 1 本书，一年读8 本书等。

良好、严格的时间规划，是快速阅读的基础。因此，在制订阅读计划时，要尽可能详尽、精确。人都有惰性，我们需要给自己的大脑下达明确的指令，从而让计划真正落实。

5. 相关知识储备

回忆自己看过哪些同类的书，了解哪些相关的背景知识，适当给大脑一个回忆暗示，帮助节省阅读新书的时间。

6. 浏览书的结构

在阅读正式开始前，先要对目标书籍的整体结构进行浏览，从而构建自己的知识体系以及制订阅读计划。

比如，现在要读一本与拖延心理有关的书，做一张准备图，

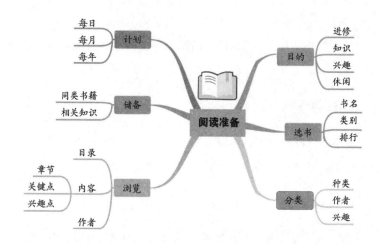

图 4.1　阅读准备思维导图

理清思路。

（1）明确自己的阅读目的可以帮助你改掉一直以来困扰自己的拖延症，提高学习效率，让自己的人生变得积极健康。

（2）选购相关书籍。这方面的书籍很多，可以向身边的朋友咨询、搜索相关的购书网站看读者的反馈、选择该方面的名师著作等。

（3）正式开始阅读前，先初步了解每本书的章节，结合自己存在的问题以及亟待解决的问题进行阅读规划。比如，凡事必到最后关头才急着动手；每件事开始时都迟迟不动手，总感觉时间还有很多；工作效率不高；等等。

（4）激活大脑。回忆自己阅读过哪些类似的书，了解哪些相关的知识。

（5）根据自己制订的阅读计划进行阅读，保证计划的执行。

下面就以《拖延心理学》为例，做阅读准备思维导图：

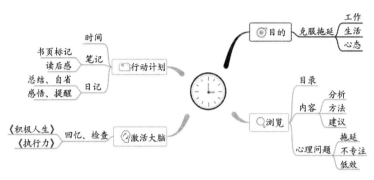

图 4.2　阅读准备思维导图

第二节　全书阅读思维导图

在阅读时，根据目标图书的结构，结合个人的阅读需求，我们可以将书分为若干个部分：每一个主干对应一章的内容；一节或者几节的内容作为二级分支；理解和整理每一节的知识点或者关键信息，从而形成三级及以下分支。

在绘制思维导图时，需注意以下几点：

（1）只记录关键词，越简单越好。这种思维导图大多是供自己思考和分析使用，因此不需要追求完整性和逻辑性，只要自己理解其中的信息即可。

（2）主干设定。主干和目录的名称不要求遵循原书的目录结构，可以依据自己的实际需求，进行相应的汇总或者删减。

（3）标注时间。每读完一本书，可以在中心图上标注时间。我们对一本书的理解往往会随着时间和阅历而发生变化，因此，每次作图后标记出时间，将有助于我们日后回顾和更新体会。

下面我们继续上面的阅读计划，绘制《拖延心理学》一书的全书阅读导图。

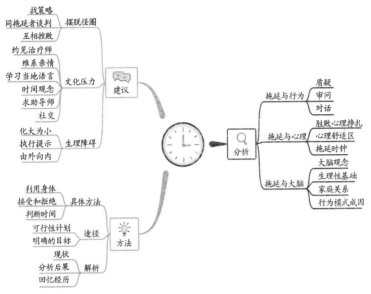

图 4.3　全书阅读思维导图

如上图所示，思维导图根据原书的目录分为三个主干：分析、方法、建议。这是因为前三章内容都是探讨和分析拖延产生的原因，故将这三章归于一个主干；第四章介绍了克服拖延的具体方法，可作为一个独立的主干；最后一章作为补充建议，也可以作为一个主干。

在分支结构中，以第一主干"分析"为例，这一部分分析了拖延产生的生理和心理原因，一共有三章内容，分别为拖延与行为的关系、拖延与心理的关系、拖延与大脑的关系，三者为并列关系，因此可以作为三个主要分支。

下一结构以第一章为例，有三节内容，从人的行为方面探讨了拖延的成因，根据内容提取要点，设置成三个次分支；然后在阅读每一节的内容后，通过理解和归纳总结出要点；最后提取与上级关键词逻辑关系最紧密的要点作为关键词。

　　需要注意的是，无论是导图的主干还是分支，其设置原则都因每个人的阅读需求和重点而不同。

第三节　阅读锦囊

1. 提取关键词

通俗地讲，关键词就是你认为重要的、有总结意义的词。它可能是给你留下深刻印象的词、你认为最具有概括意义的词，也可能是你依据内容自行总结出来的词，或者是可以迅速唤起你对内容的联想的词。

它可以是一个词、一个成语、一个短语，甚至是一句简短的话，但越精炼越好。

有人认为提取关键词的过程并不容易，需要花费不少时间和精力，但分析和概括关键词的过程，却能有效提升我们的阅读速度，表面上看费时费力，但长期坚持，效率会越来越高。

2. 快速阅读

阅读时，单纯追求速度并不科学，提升阅读效果才是最重要的。在保证阅读效果的前提下，提升阅读速度，也可以帮助我们用更少的时间阅读更多的书。

从本质上说，阅读是思考、想象、判断和推理的过程。美国阅读专家 M. A. 汀克认为："在绝大多数情况下，阅读时用于眼睛移动的时间仅占总时间的5%，其余95%的时间则用于思考。"

传统的阅读方式是眼睛在一个字一个字跳跃地点式阅读，大脑对信息的反应，受制于目光移动的速度。而且，从阅读到理解要经过视觉、语言、听觉三个中枢处理信息过程才能完成，这个过程实际上是在"读书"，而不是真正地"看书"。

快速阅读是从根本上改变点式阅读为整行文字的线式阅读，这种方法使目光不在单字上停留，而是在整行的文字上停留，眼球接受文字信号的速度显著提升，达到与大脑的思维速度同步。"它是将书面的文字信息对眼睛产生光学刺激之后所产生的整体文字图像，直接传送到右脑以图像的形式记住，之后再由大脑将文字图像解析出来"的阅读方法。

这种"眼脑直映"式的阅读方法省略了语言中枢和听觉中枢这两个中间环节，即文字信号直接映入大脑记忆中枢进行理解和记忆。在此过程中，人眼看到的文字就像图像一样进入大脑中枢，以与大脑思维速度相匹配的速度供给信息，使二者的工作协调，趋于同步，这就是快速阅读效率极高的主要原因。

以下是快速阅读小贴士：

（1）克服反复浏览的习惯，避免眼睛不断地来回移动。比如科技读物，一般按顺序读一遍即可。如有必要，也要等整篇读完之后，再回头重复阅读某项内容。

（2）采用"筛选"式阅读法，带有目的性、针对性阅读。

（3）切忌边看边读。

（4）在快速阅读时应尽量扩大自己的阅读视幅，使自己的视线与读物成垂直线，并充分发挥视线的"余光"作用，多看一些文章。

（5）要全神贯注地阅读。

（6）除了求快，更要正确领会书籍或资料的内容实质。

（7）在阅读中运用多种记忆方法，有目的地边读边记。不要去记无关紧要的词句，把重点放在文章主题和内容实质上。

（8）经常训练自己的速读能力，长期坚持练习，以便形成习惯，巩固自己已经取得的成果。

3. 阅读种类

科学研究发现，人在阅读一本好书时，大脑中原本处于静息状态的连接性会变得活跃起来，并且会在大脑左颞叶皮层产生一种与肌肉记忆类似的神经变化。大脑左颞叶皮层的神经元可产生一种名为"基础认知"的现象，如想象跑步时，能够激活连接生理跑步功能的神经元。

给你一本简单易读的通俗小说和一本很厚又有点晦涩的名著，你会更喜欢哪本书呢？通俗小说因为简单易懂、情节吸引人，会让你在阅读的时候感觉轻松愉快；而较为复杂的名著则会让你的阅读速度明显下降。所以，或许你会更喜欢前者。

英国《每日电讯报》报道了一项最新研究，阅读莎士比亚等作家的严肃文学作品，有助于提高大脑的思维能力，引起读者的反思。

英国利物浦大学的科学家、心理学家和语言学家合作，通过大脑扫描监控了 30 名志愿者在阅读莎士比亚、华兹华斯和 T. S. 艾略特等名家作品时大脑的活动情况，然后又将阅读的内容换成简单直白的现代作品，并再次对志愿者的大脑进行监控。结果发现，更具"挑战性"的文学大家的散文和诗歌可以激发更多的脑电波活动，而这项活动越多，说明脑反应越强烈。科学家表示，这种刺激有助于保持阅读兴趣，继续阅读更多的内容。

研究还发现，诗歌阅读犹如大脑的"火箭助推器"一般，能明显提高大脑右半球的活动，帮助读者结合自身生活经历进行反思。

因此，天马行空的通俗小说或许更容易带给人阅读的快感，但是严肃厚实的名著，因为作者深厚的文化底蕴和丰富的生活经历，初读时会感觉有些晦涩，而一旦深入阅读后，就会让人沉迷于其中的情节与场景，从而刺激大脑的记忆等功能，提高人的思维活力。"阅读时大脑中发生的神经变化与认知感受和运动系统相连接，这意味着人们阅读一本小说时可以把自己代入小说主人公的身体。"

总体来说，选择书籍并没有严苛的标准答案，每个人的喜好与评判标准也不一样。这里有一个"四字法则"与大家分享：贯、摄、常、法。"贯"是指优质书籍的文理都较为连贯；"摄"是指好书都具有摄受力、吸引力，让人回味无穷；"常"是指书中的内容都是经得起时间考验的；"法"是指好书可以反映世间的运行法则。

第四节　思维导图在阅读中的实际应用

前面已经介绍了如何对一本书进行思维导图的绘制，对于一本完整的书而言，其结构是既定的，设置思维导图结构及提取关键信息只要遵循作者的思路，结合个人的阅读目的，就比较容易做好框架。而在实际的学习生活中，我们会更多地遇到对一篇文章或者几段文字的解读，其结构性往往不那么明显，这就需要我们在阅读后进行分析和归纳，从而提取关键信息。

下面分别就常见的文章或者文字类型进行绘制讲解。

1. 叙事类文章

（1）《贫穷与谦卑》（摘自《格林童话》）

从前有位王子，他走到外面的世界，却心事重重，面带忧伤。他抬头看着天空，天是那般的碧蓝，他叹息道："一个人能在天堂上该有多好啊！"这时，他看到一位满头白发的老人向他走来，样子十分可怜。他和老人打了声招呼，并问："我怎样才能进入天堂呢？"那人答道："通过贫穷和谦卑！穿上我的破衣服，到人间去游荡 7 年，去尝尝贫困的滋味；不要带钱，如果饿了，就向有同情心的人要点东西来充饥，这样你就接近天堂了。"

王子立刻脱下华贵的外套，穿上乞丐的衣服，步入广阔的世界，经受了许多苦难。除了一点食物外，他丝毫不取，只祈求主带他进天堂。7年过去了，他又回到了他父王的宫殿，但没有人再认得他，他对仆人说："快去禀告父王和母后，说我回来了。"

但那些仆人不相信他的话，并嘲笑他，让他一直待在那儿。他又说："去把我的王兄们叫来，我想再见见他们。"仆人对他的话仍无动于衷。终于有一个仆人去报告了王子们，但他们也不相信，也不理会他。

王子又给他的母后写了封信，向他描述了自己经历的苦难，只是没提自己就是她的儿子。出于怜悯，王后给了他阶梯下的一小块地方居住，每天派两个仆人给他送饭。谁知其中一个仆人心地很坏，口口声声说："叫花子凭什么吃那么好的东西！"于是，他把这些食物私自扣了下来，留给自己吃或拿来喂狗，只给这位虚弱憔悴的王子喝少许水。另一个仆人还算厚道，他把拿到的东西都给王子吃了，食物虽少，但他还能暂时活下来。

王子一直极力忍耐着，身体日见虚弱，病情也不断加剧，最后他要求接受圣礼。弥撒刚做了一半，城里和附近教堂的钟就自动敲响了。做完了弥撒，牧师走到阶梯下的可怜人面前，发现他已经死了，一手握着玫瑰，一手握着百合，在他身旁还有一张纸，上面写着他的经历。当他下葬时，坟墓的一侧长出了一株玫瑰，一侧长出了一丛百合。

西方有一种思考模式叫做 5W1H（What、Why、Who、Where、When、How），分别代表"事件""原因""人物""地点""时间""怎么做"。通过这个公式，人们思考问题就很容易把握事件的基本脉络，进而找出解决办法。我们可以借鉴这种方法来思考，用以提取上述关键信息。

上面这则童话讲述了一位王子一心寻找天堂的故事。显而易见，王子是中心人物，所以画一个代表王子的图像作为导图的中心图。接下来，陆续发生了几件事：王子出走寻找天堂，7 年后回到王宫，最后病死。故事的 3 条主线可以作为导图的主干。

按照事情发展的顺序，可以分别提取出事情的关键信息，总结出关键词后作为各个分支。

图 4.4　《贫穷与谦卑》导读

（2）摘自《查理与巧克力工厂》

这幢房子住了这么多人可太挤了，实在难受。整座房子一共只有两个房间，只有一张床。床由 4 位老人睡，因为他们太老了，实在是劳累终身，操劳过度，所以他们根本起不了床。

乔爷爷和约瑟芬奶奶睡在床的这一头，乔治外公和乔治娜外婆睡在另一头。

另一个房间的地板上放着床垫，巴克特夫妇和小查理·巴克特就睡在上面。

夏天这么睡倒还不坏，可到了冬天，凛冽的寒风一阵阵掠过地板，实在吃不消。

他们根本买不起好一些的房子——甚至连再买一张床也不可能，他们实在太穷了。

家里只有巴克特先生有工作，他在一家牙膏厂干活。在那儿，他整天坐在一条长凳上，给灌满了牙膏的牙膏管旋上盖子。可一个旋牙膏管盖的工人的工资绝不会很多，不管巴克特先生干活多卖劲，也不管他的动作有多快，还是赚不到哪怕是维持这么个大家庭所需生活费用的一半，甚至连给全家买最起码的食物的钱也不够。这一来他们早餐只能吃面包和人造奶油，中饭只能吃煮马铃薯和卷心菜，晚上只能吃卷心菜汤，只有在星期天才稍微好一些。因此，他们都盼望着星期天的到来，尽管那一天吃的还是那些东西，可每个人能吃两份食物。

当然，巴克特一家还不至于饿死，可每个人——老爷爷奶奶、老外公外婆、查理的父亲、查理的母亲，特别是小查理——从早到晚总感觉肚子里空荡荡的，难受极了。

查理饿得最厉害。尽管他的父母时常省下自己的那份中饭和晚饭给他吃，可对一个正在发育成长的男孩来说，这哪够啊。他非常渴望还有什么别的东西来填填肚子，而不要老是吃卷心菜和卷心菜汤。而他最想吃的东西是——巧克力。

早晨去上学的路上，查理总能看到商店的橱窗里大块大块的巧克力堆得高高的。他停住脚，瞪大眼睛，还把鼻子紧紧地贴在橱窗玻璃上，禁不住口水直流。一天中他还多次看见别的孩子从口袋里掏出奶油巧克力，津津有味地咀嚼着，不用说，这真让他痛苦万分。

　　每年只有在生日的那一天，查理才能尝到那么一小块巧克力。为了这一特殊的时刻，全家人得勒紧裤带省下钱来，到了这个日子，查理总能得到一小块巧克力独自享用。每当他在那些美妙的生日早晨得到巧克力以后，他总是小心地把它放到一个小木盒里，他对它宝贝极了，就好像那是一块金子。接下来的几天里，他只允许自己瞧瞧它，可决不去碰它。最后，直到自己再也熬不住时，他才揭开一点点巧克力包装纸，露出一点点巧克力，然后咬下那么一点点——刚够让舌头慢慢地品尝到那可爱的甜味。第二天，他再咬下那么一点点，就这样一天只吃一点点。这样的吃法，查理足足可以把他的这块只值6便士的生日巧克力吃上一个多月。

　　不过，我还没有告诉你们一件让小查理最难以忍受的事情。小查理是这么爱吃巧克力，每当他看见商品橱窗里的巧克力，或是眼睁睁地看着其他孩子当着他的面大嚼奶油巧克力时，他就感到很不好受；可是最让他受不了，也是你们能想象的最折磨人的却是这么一件事：

　　在这座城里，确切地说，从查理住的房子里就能看到，有一座极大的巧克力工厂！

　　想想这是什么滋味吧！

　　更何况，这不是一座一般的巧克力工厂。它是世界上最大最有名的工厂！这就是旺卡工厂，是一个有史以来最伟大的巧克力发明家和制造商威利旺卡所开的工厂。它是一个巨大的、奇妙的工厂！门口有高大的铁门，四周高墙环绕，烟囱里喷出滚滚浓烟，厂子深处传出奇怪的嘘嘘声。围墙外面方圆半英里的地方都可以闻到一股浓郁的香味，那是融化了的巧克力的香味。

　　每天上学和放学，小查理两次路过这座工厂。每当经过工厂大门时，他就放慢脚步，走得很慢很慢，头仰得高高的，用鼻孔深深地深深地吸进周围那股芳香的巧克力香味。

噢，他是多么喜欢这股气味啊！

啊，他又是多么渴望能走进这家工厂，看看里面究竟是什么样子！

与上一则童话故事不同，这段内容不是一个完整的、独立的故事，但基本思路是一样的。这段文字向我们介绍了一个叫查理的孩子和他的家庭情况。那么，查理是中心人物，因此，画一顶礼帽作为中心图。

按照作者的介绍，这段文字向读者传递了3个主要信息：查理的家、巧克力工厂、查理的梦想。那么，这3点就可以作为思维导图的主干。

根据内容，可以分别提取出事件的关键信息，总结出关键词后作为各个分支。

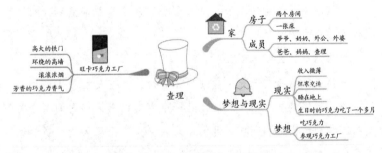

图 4.5 　《查理与巧克力工厂》导读

(3)《孔乙己》（摘自九年级下册《语文》教材）

鲁镇的酒店的格局，是和别处不同的：都是当街一个曲尺形的大柜台，柜台里面预备着热水，可以随时温酒。做工的人，傍午傍晚散了工，每每花四文铜钱，买一碗酒，——这是二十多年前的事，现在每碗要涨到十文，——靠柜外站着，热热的喝了休息；倘肯多花一文，便可以买一碟盐煮笋，或者茴香豆，做下酒物了，如果出到十几文，那就能买一样荤菜，但这些顾客，多是短衣帮，大抵没有这样阔绰。只有穿长衫的，才踱进店面隔壁的房子里，要酒要菜，慢慢地坐喝。

我从十二岁起，便在镇口的咸亨酒店里当伙计，掌柜说，样子太傻，怕侍候不了长衫主顾，就在外面做点事罢。外面的短衣主顾，虽然容易说话，但唠唠叨叨缠夹不清的也很不少。他们往往要亲眼看着黄酒从坛子里舀出，看过壶子底里有水没有，又亲看将壶子放在热水里，然后放心：在这严重监督下，羼水也很为难。所以过了几天，掌柜又说我干不了这事。幸亏荐头的情面大，辞退不得，便改为专管温酒的一种无聊职务了。

我从此便整天地站在柜台里，专管我的职务。虽然没有什么失职，但总觉得有些单调，有些无聊。掌柜是一副凶脸孔，主顾也没有好声气，教人活泼不得；只有孔乙己到店，才可以笑几声，所以至今还记得。

孔乙己是站着喝酒而穿长衫的唯一的人。他身材很高大；青白脸色，皱纹间时常夹些伤痕；一部乱蓬蓬的花白的胡子。穿的虽然是长衫，可是又脏又破，似乎十多年没有补，也没有洗。他对人说话，总是满口之乎者也，教人半懂不懂的。因为他姓孔，别人便从描红纸上的"上大人孔乙己"这半懂不懂的话里，替他取下一个绰号，叫作孔乙己。孔乙己一到店，所有喝酒的人便都看着他笑，有的叫道："孔乙己，你脸上又添上新伤疤了！"他不回答，对柜里说："温两碗酒，要一碟茴香豆。"便排出九文大钱。他们又故意的高声嚷道，"你一定又偷了人家的东西了！"孔乙己睁大眼睛说："你怎么这样凭空污人清白……""什么清白？我前天亲眼见你偷了何家的书，吊着打。"孔乙己便涨红了脸，额上的青筋条条绽出，争辩道："窃书不能算偷……窃书！……读书人的事，能算偷么？"接连便是难懂的话，什么"君子固穷"，什么"者乎"之类，引得众人都哄笑起来：店内外充满了快活的空气。

听人家背地里谈论，孔乙己原来也读过书，但终于没有进学，又不会营生；于是愈过愈穷，弄到将要讨饭了。幸而写得一笔好字，便替人家钞钞书，换一碗饭吃。可惜他又有一样坏脾气，便是好喝懒做。坐不到几天，便连人和书籍纸张笔砚，一齐失踪。如是几次，叫他钞书的人也没有了。孔乙己没有法，便免不了偶然做些偷窃的事。但他在我们店里，品行却比别人都好，就是从不拖欠；虽然间或没有现钱，暂时记在粉板上，但不出一月，定然还清，从粉板上拭去了孔乙己的名字。

孔乙己喝过半碗酒，涨红的脸色渐渐复了原，旁人便又问道："孔乙己，你当真认识字么？"孔乙己看着问他的人，显出不屑置辩的神气。他们便接着说道："你怎的连半个秀才也捞不到呢？"孔乙己立刻显出颓唐不安模样，脸上笼上了一层灰色，嘴里说些话；这回可是全是之乎者也之类，一些不懂了。在这时候，众人也都哄笑起来：店内外充满了快活的空气。

在这些时候，我可以附和着笑，掌柜是决不责备的。而且掌柜见了孔乙己，也每每这样问他，引人发笑。孔乙己自己知道不能和他们谈天，便只好向孩子说话。有一回对我说道："你读过书么？"我略略点一点头。他说："读过书，……我便考你一考。茴香豆的茴字，怎样写的？"我想，讨饭一样的人，也配考我么？便回过脸去，不再理会。孔乙己等了许久，很恳切地说道："不能写罢？……我教给你，记着！这些字应该记着。将来做掌柜的时候，写账要用。"我暗想我和掌柜的等级还很远呢，而且我们掌柜也从不将茴香豆上账；又好笑，又不耐烦，懒懒的答他道："谁要你教，不是草头底下一个来回的回字么？"孔乙己显出极高兴的样子，将两个指头的长指甲敲着柜台，点头说："对呀对呀！……回字有四样写法，你知道么？"我愈不耐烦了，努着嘴走远。孔乙己刚用指甲蘸了酒，想在柜上写字，见我毫不热心，便又叹一口气，显出极惋惜的样子。

有几回，邻居孩子听得笑声，也赶热闹，围住了孔乙己。他便给他们茴香豆吃，一人一颗。孩子吃完豆，仍然不散，眼睛都望着碟子。孔乙己着了慌，伸开五指将碟子罩住，弯腰下去说道："不多了，我已经不多了。"直起身又看一看豆，自己摇头说："不多不多！多乎哉？不多也。"于是这一群孩子都在笑声里走散了。

孔乙己是这样的使人快活，可是没有他，别人也便这么过。

有一天，大约是中秋前的两三天，掌柜正在慢慢的结账，取下粉板，忽然说："孔乙己长久没有来了。还欠十九个钱呢！"我才也觉得他的确长久没有来了。一个喝酒的人说道："他怎么会来？……他打折了腿了。"掌柜说："哦！""他总仍旧是偷。这一回，是自己发昏，竟偷到丁举人家里去了。他家的东西，偷得的么？""后来怎么样？""怎么样？先写服辩，后来是打，打了大半夜，再打折了腿。""后来呢？""后来打折了腿了。""打折了怎样呢？""怎样？……谁晓得？许是死了。"掌柜也不再问，仍然慢慢算他的账。

中秋之后，秋风是一天凉比一天，看看将近初冬；我整天的靠着火，也须穿上棉袄了。一天的下半天，没有一个顾客，我正合了眼坐着，忽然间听得一个声音："温一碗酒。"这声音虽然极低，却很耳熟。看时又全没有人。站起来向外一望，那孔乙己便在柜台下对了门槛坐着。他脸上黑而且瘦，已经不成样子；穿一件破夹袄，盘着两腿，下面垫一个蒲包，用草绳在肩上挂住；见了我，又说道："温一碗酒。"掌柜也伸出头去，一面说："孔乙己么？你还欠十九个钱呢！"孔乙己很颓唐的仰面答道："这……下回还清罢。这一回是现钱，酒要好。"掌柜仍然同平常一样，笑着对他说："孔乙己，你又偷了东西了！"但他这回却不十分分辩，单说了一句"不要取笑！""取笑？要是不偷，怎么会打断腿？"孔乙己低声说道："跌断，跌，跌……"他的眼色，很像恳求掌柜，不要再提。此时已经聚集了几个人，便和掌柜都笑了。我温了酒，端出去，放在门槛上。他从破衣袋里摸出四文大钱，放在我手里，见他满手是泥，原来他便用这手走来的。不一会儿，他喝完酒，便又在旁人的说笑声中，坐着用这手慢慢走去了。

自此以后，又长久没有看见孔乙己。到了年关，掌柜取下粉板说："孔乙己还欠十九个钱呢！"到第二年的端午，又说："孔乙己还欠十九个钱呢！"到中秋可是没有说，再到年关也没有看见他。

我到现在终于没有见——大约孔乙己的确死了。

一九一九年三月

这是鲁迅先生的短篇小说《孔乙己》，篇幅不长，却几乎囊括了孔乙己的一生。中心人物毫无疑问是孔乙己，所以画一个代表孔乙己的人物形象作为思维导图的中心图。

开端（第 1 段至第 3 段）以酒店的情况及到店里的顾客为背景，烘托主角的出场；从第 4 段孔乙己出场开始到第 9 段，以外貌、衣着、语言和绰号的来源描写主角的形象和性格，也交代孔乙己沦为小偷的原因；高潮出现在第 10 段之后，点明了孔乙己断腿的原因，再以外貌、衣着和神态描述断腿后的孔乙己；最后用简短的文字留给读者深长的回想，而"十九个钱"也反映了孔乙己的身价及可悲的遭遇。

这篇文章在设置主干及分支时，与前面的故事不尽相同。因为故事的发展和脉络相对抽象，需要读者自行概括和提取。根据文章内容，可以从"形象""性格""命运""经历"4 个方面的介绍作为思维导图的主干，然后分别根据文中的相关描述进行归纳，进而形成分支与次分支。

按照事件的发展顺序，可以分别提取出事件的关键信息，总结出关键词后作为各个分支。

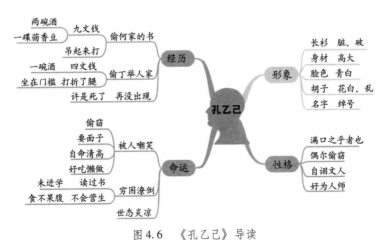

图4.6　《孔乙己》导读

2. 科普类文章

摘自《昆虫记》

我往我的玻璃池塘里放进一些小小的水生动物，它们叫石蚕。确切地说，它们是石蚕蛾的幼虫，平时很巧妙地隐藏在一个个枯枝做的小鞘中。

石蚕原本是生长在泥潭沼泽中的芦苇丛里的。在很多时候，它依附在芦苇的断枝上，随芦苇在水中漂泊。那小鞘就是它的活动房子，也可以说是它旅行时随身带的简易房子。

这活动房子其实可以算得上是一个很精巧的编织艺术品，它的材料是由那种被水浸透后剥蚀、脱落下来的植物的根皮组成的。在筑巢的时候，石蚕用牙齿把这种根皮撕成粗细适宜的纤维，然后把这些纤维巧妙地编成一个大小适中的小鞘，使它的身体能够恰好藏在里面。有时候它也会利用极小的贝壳七拼八凑地拼成一个小鞘，就好像一件小小的百衲衣；有时候，它也用米粒堆积起来，布置成一个象牙塔似的窝，这算是它最华丽的住宅了。

暴徒的袭击

石蚕的小鞘不但是它的寓所，同时还是它的防御工具。我曾在我的玻璃池塘里看到一幕有趣的战争，鲜明地证实了那个其貌不扬的小鞘的作用。

玻璃池塘的水中原本潜伏着一打水甲虫，它们游泳的姿态激起了我极大的兴趣。有一天，我无意中撒下两把石蚕，正好被潜在石块旁的水甲虫看见了，它们立刻游到水面上，迅速地抓住石蚕的小鞘，里面的石蚕感觉到此次攻击来势凶猛，不易抵抗，就想出了金蝉脱壳的妙计，不慌不忙地从小鞘里溜出来，眨眼间就逃得无影无踪了。

野蛮的水甲虫还在继续凶狠地撕扯着小鞘，直到知道早已失去了想要的食物，受了石蚕的骗，这才显出懊恼沮丧的神情，无限留恋又无可奈何地把空鞘丢下，去别处觅食了。

可怜的水甲虫啊！它们永远也不会知道聪明的石蚕早已逃到石底下，重新建造它的新鞘，准备着你们的下一次袭击了。

潜水艇——石蚕

石蚕靠着它们的小鞘在水中任意遨游，好像是一队潜水艇，一会儿上升，一会儿下降，一会儿又神奇地停留在水中央。它们还能靠着那舵的摆动随意控制航行的方向。

我不由想到了木筏，石蚕的小鞘是不是有木筏那样的结构，或是有类似于浮囊作用的装备，使它们不至于下沉呢？

我将石蚕的小鞘剥去，把它们分别放在水上，结果小鞘和石蚕都往下沉。这是为什么呢？

原来，当石蚕在水底休息时，它把整个身子都塞在小鞘里。当它想浮到水面上时，总是先拖带着小鞘爬上芦梗，然后把前身伸出鞘外。这时的小鞘的后部就留出一段空隙，石蚕靠着这一段空隙便可以顺利往上浮。就好像装了一个活塞，向外拉时就跟针筒里空气柱的道理一样。这一段装着空气的鞘就像轮船上的救生圈一样，靠着里面的浮力，使石蚕不至于下沉。所以石蚕不必牢牢地黏附在芦苇枝或水草上，它尽可以浮到水面上接触阳光，也可以在水底尽情遨游。

不过，石蚕并不是很擅长游泳的水手，它转身或拐弯的动作看上去很笨拙。这是因为它只靠着那伸在鞘外的一段身体作为舵桨，再也没有别的辅助工具，当它享受了足够的阳光后，它就缩回前身，排出空气，渐渐向下沉落。

　　我们人类有潜水艇，石蚕也有这样一个小小的潜水艇。它们能自由地升降，或者停留在水中央——那就是当它们在慢慢地排出鞘内的空气的时候。虽然它们不懂人类博大精深的物理学，可这只小小的鞘造得这样的完美，这样的精巧，完全是靠它们的本能。大自然所支配的一切，永远是那么巧妙和谐。

　　这段文字节选自《昆虫记》，主要介绍了石蚕蛾幼虫的生活习性，主要通过描述它所寄居的小鞘来呈现。

　　对小鞘的描述主要包括 3 个方面：住所、防御工具及像潜水艇一样的功能，那么 3 条主线就产生了。以第一条主线为例，石蚕的"房子"从材质及建造过程两个方面进行描述，那么两条分支就确定了。第一个分支介绍石蚕通常会选用植物的根皮、贝壳、米粒作为小鞘的材料；同时这 3 种材料的建造工序也不同，故分别进行总结。

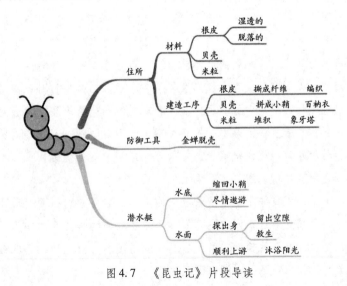

图 4.7　《昆虫记》片段导读

第五章　劳逸结合
——思维导图可以帮助学生制订合理的学习计划

有人形象地将思维导图比作"私人管家"，因为在工作、学习、生活等各种场合，思维导图都能够为我们定制专属的计划和安排。而用思维导图做计划的关键是图像化。只有当我们的计划图像化，它被执行的概率才会更大一些。有了它，我们便无须再为学习而发愁，不用再时刻记忆接下来的学习安排，让学的过程变得轻松高效。

第一节　学会如何制订计划

　　"活到老学到老"，学习对每个人来说都是一生的必修课，对于求学阶段的孩子更是如此。管理学大师彼得·德鲁克说，时间是一个人最稀缺的资源，人人都需要时间管理。而要做到有效的时间管理，无非是有效地利用时间，在最短的时间内获得最好的学习成果。

　　时间的特点是毫无弹性、无法积蓄、无法取代且不可逆。它总是在不经意的发呆、游戏、嬉笑、打闹、闲聊、无为的时候悄悄溜走，很多时候我们感觉自己很忙碌，其实只是做了很多毫无意义的事情，可想而知学习的效率必然不高。

　　随着年级的升高，学习科目增多了，学习难度增大了，学习内容加深了，很多学生付出大量的时间和精力，甚至牺牲很多休息时间，但成绩仍然不够理想，原因究竟是什么？无非就是方法不对，效率不高。所以，要想取得好成绩，时间管理是我们必须掌握的一项技能，而思维导图就是一个很好的时间管理工具。

　　我们可以运用思维导图进行学习规划，订立学年计划、学期计划、月计划、周计划，甚至可以细到订立每天的学习计划，而且还可以根据实际情况随时做出调整，而不会造成混乱。

具体步骤如下：

（1）将制订学习计划的目的作为思维导图的中心主题，如考试名次、分数、单词数量、做题数量等，最好能配上对应的图画或者图片。

（2）第一分支：确定学习目标，应适当、明确、具体。

（3）第二分支：科学安排时间，突出重点，脑体结合，文理交替，有机动时间。

（4）第三分支：进行自我分析，如学习特点、学习现状等。

（5）第四分支：必要的补充、说明、注意事项。

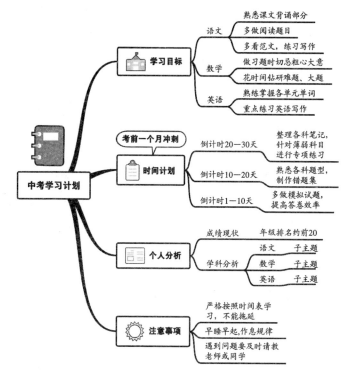

图 5.1　中考学习计划思维导图

计划是实现目标的蓝图，好的计划能提高学习效率，节约时间。将学习计划绘制成思维导图，并贴在书桌上，指导每一步行动，这样做以后就无须总是花费心思考虑接下来应该学什么。

绘制完思维导图后，还要做到与之对照反省。在实际情况发生变化时，计划也要随之做出调整。比如，经过一段时间的学习后，要检查自己的学习效率是否提升，做题的准确率是否提高，是否达到阶段性目标等。倘若发现效果不理想，就要及时分析原因，找出相应的对策，不断完善学习计划。

有些学生在制订计划的时候，不知道从何入手，这时可以向优秀的同学借鉴，但需要结合自己的时间和实际情况，并试行一段时间，看看是否适合自己，以便灵活地调整计划。

另外，在制订学习计划时还需注意以下几点：

（1）主次分明。制订学习计划切忌平均用力，要根据具体科目的掌握情况，突出重点和难点，以便分配更多的时间和精力。

（2）交叉学习。当我们长时间学习一门功课时，思维会受到限制，潜力会受到抑制，适时交叉进行另一学科的学习，一方面可以让大脑得到调节和休息，另一方面又能对所学的知识产生新鲜感，因此学习效果会更好一些。比如，做数学题和背英文单词虽然都是学习，但因为内容不同，交叉练习有利于减轻大脑的疲惫感，相当于一种变相的休息。

（3）监督计划完成情况。相对于制订学习计划，执行和完成的情况更为关键。因此，相应的监督也很重要。比如，准备一张计划执行表，分阶段总结执行情况，并做出总结。这样做可以引导学生进行自我检查、监督和检验。

第二节　合理安排时间

在现实生活中，我们可以发现，凡是有时间观念的人，做事效率都会很高，而且不管做什么事，他的态度总是积极、认真的。而没有时间观念的人，常常会觉得学习、工作任务多，时间总是不够用，办事效率低，容易分心，甚至养成做事拖延的坏习惯。

目前，大部分中小学生在时间管理上存在以下问题：一是缺乏意识，有的中小学生没有时间概念，事事都由父母安排，只知道听话照做。可以说，他们每天的学习任务都是被动完成的，时间长了，会导致他们做事缺乏计划性、自主性，处于一种盲目的学习状态，学习效率很难提高。二是缺乏方法，部分学生即使意识到时间的宝贵，有心对时间进行规划，却没有人给他们适当的指导，因此难以根据个人的学习情况对自身进行合理评估，从而合理、科学地分配时间。三是缺乏毅力，有部分自觉的学生会给自己设置学习目标和学习计划，但是因为自制力差、缺乏意志力，制订的计划总是半途而废，而且还会因为应该完成的事没有完成，产生焦虑和自责的不良情绪。

　　童童上了小学之后，爸爸妈妈允许她吃完晚饭后，先看一个小时的电视才去做作业。但是他们忽略了童童还是个孩子，自制力比较差，而且时间观念不清晰，虽然定了规矩，但是他们没有做好后续的管控，等童童看累了的时候，常常已经是晚上10点以后，而此时作业还没做，爸爸妈妈只得陪着她熬夜完成作业。

　　当他们质问童童为什么不听话时，童童委屈地说："我没想到时间过得这么快，以为才过了一会儿。"

　　从上面的例子可以看出，孩子的时间观念和成年人的不同，在他们的世界里，还很缺乏如"早上6点"这样精确的概念，他们所认为的时间就是今天、明天，或者白天、夜晚。当他们沉浸在娱乐中时，经常会忘记时间的流逝。而大部分家长在教育孩子时，很容易忽视时间观念这个问题。

　　在孩子年幼的时候，父母是最好的老师，如果父母没有培养孩子准时、守时的时间观，他们就不会懂得时间的珍贵和意义。研究显示，从10岁开始，孩子会进入时间管理能力的黄金培养期，可以尝试着学习规划和管理时间。

　　当然，我们还要注意方法的运用。跟孩子说太多的道理，总是容易让他们倦怠。为了让低年级的学生明白时间概念，我们可以从一个人一生的时间分布图入手，直观地让他们懂得时间的宝贵。

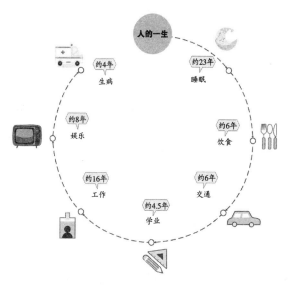

图 5.2　人的一生时间分布图

　　学生看完这张图后，会震撼地发现：如果一个人 60 岁左右退休，他真正用于学习的时间还不到 5 年。接着，我们就可以引导他们实行一个 "24 小时观察计划" 了，目的是让他们系统、全面地看到自己一天的时间到底花在什么地方，然后合理地规划时间。

　　不过在进行这个计划前，我们首先要帮助他们分析自己在时间观念上的欠缺，这个环节也可以借助思维导图来完成。

　　我们可以让他们在纸上以 "做事拖拉" 为中心绘制一幅思维导图，给他们一定的时间进行思考，然后让他们在中心的周围，根据一件具体的事情，如迟到、没完成作业等，写下不足之处。这可以让他们迅速认识到自己的问题所在。

　　完成思维导图之后，根据图中的原因分析，找出他们自身的缺点、弱点，然后教导他们认识自己的错误，从小事做起，逐步改正这些缺点。

在他们了解了自身的缺点后，我们可以开始实行"24 小时观察计划"。有人说制作一个表格，写上 24 个时间段，然后让他们自行填写不就好了嘛，这是其中一个方法，但是不够好，如果想让他们的印象更加深刻，思维导图的可视化图像是一个更好的工具。

我们可以把表格转换成一个大圆盘，划分成 24 个区域，按照时钟的顺序写上时间段，并填上不同的颜色。完成这些基本操作后，他们每个小时里做了什么，都要如实填到相应的时间段中。这一天结束后，他们在第二天回顾时，就可以清楚明了地知道自己一天的时间都花在了哪里，然后实行改造计划，找出可供利用的时间。

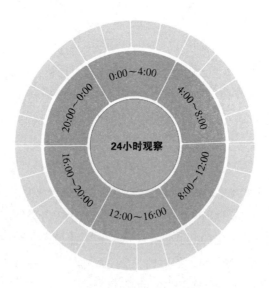

图 5.3　24 小时观察计划思维导图

在改造之前，我们需要先列出一天中的"待办事宜"清单，然后才能着手安排时间。这里需要用到"四象限法则"。"四象限法则"把事务分为4类：

第一类：重要且紧急。此类事情通常具有时间上的危机性，执行与否对事情的影响极大，且不执行会造成损失。因此，我们应该抱着争分夺秒的态度，第一时间进行处理。比如，你一个星期后要进行考试，但是突然发烧了，为了不影响考试，这时你最应该做的就是看病、吃药，尽快恢复健康。

第二类：重要但不紧急。这是时间管理强调的重点。此类事情在时间上不具有紧迫性，但事件本身对于目标的实现极为关键。因此，我们应该先规划，后执行，未雨绸缪。比如，你的梦想是做一名人民警察，那么，良好的身体素质很重要，平时应该注意饮食，花时间进行锻炼，为实现目标打好基础。

第三类：不重要但紧急。此类事情通常容易打乱我们做事的节奏和效率，建议放缓或者让他人代劳。比如，你正在聚精会神地做作业，电话铃响了，为了不打断学习思路，你可以先让父母去接。

第四类：不重要且不紧急。此类事情大多可有可无，没有时间上的紧迫性，意义性也不大。如果此类事情出现得太过频繁，我们应该注意减少甚至不做。比如，阅读自己喜爱的漫画书，这件事本身对于你来说不重要也不紧急，可以放在休闲时间去做，而不应该占用学习时间。

综上所述，与学生成长历程相关的无疑是较为重要的事务，如各学科的学习任务、健康状况，次要的可能有兴趣补习班、家庭类的社交活动，最后则是娱乐、休闲类活动。

对于学生来说，如果4个类别过于复杂的话，可以简单地把日常生活中的事情分为"紧急任务"和"不紧急任务"两大类。"紧急任务"通常具有临时性和突发性，而在学生的世界里，生活状态是相对稳定的，世俗事务较少涉及，因此可以把急需提高的学科成绩或者学习目标作为"紧急任务"。比如，文理偏科生，如果月考英语成绩不太理想，可以把下次月考作为一个期限，进行紧急"恶补"，甚至连按时完成作业、准时上学都可以列为每天的紧急任务。那些可以往后推延又不会对生活、学习造成影响的事情，可以归到"不紧急任务"中。

玲玲是初中二年级的学生，一个周六的早上，她接到了老师的通知：周一需要上交一份课外阅读报告。玲玲不禁犯难了，因为她的周末已经有了具体的安排——周六上午写作业，下午去补习班；周日上午去青少官参加活动，下午约了同学去动物园玩。而老师要求上交的阅读报告是一项必须按时完成，并且颇费精力和时间的任务。学习过"四象限法则"的玲玲，为了完成这项重要且紧急的任务，便把周末所有的任务都填写到树状思维导图中，由此划分哪些事是紧急的，哪些事是不紧急的。

排好顺序后，玲玲发现，如果要在周末这两天把所有的安排都完成是不切实际的，如果强迫自己完成，将会面临很大的压力。于是，她决定做一个取舍，设计一个树状的流程思维导图。经过衡量后，她认为，课外阅读报告大概需要花费一天的时间来完成，而作业时间和补习时间也是需要按时完成的任务，不能推延。她和同学沟通后，决定推迟去动物园游玩的日期，利用周日下午和晚上的时间完成课外阅读报告。倘若时间还不充分，她打算暂停一次青少官的活动。

　　周一的时候，玲玲顺利上交了课外阅读报告，作业和补习班的功课也按时完成了，青少宫的活动最终因为时间不充裕而没有参加。但因为事先做好了时间规划，周一上学的时候，她心里是轻松而愉快的。

图 5.4　周末计划思维导图

　　上面的例子给了我们一个重要启示：执行事务的时间往往比预计花费的时间要多，留有一个弹性时间，才能确保计划顺利完成。我们无须对时间、对自己太过苛刻，事事追求完美计划的生活是脱离实际的。如果长期要求自己处于一个分秒必争的思想状态，事情往往会以失败而告终，并给自己带来焦虑和挫败感。

　　所以，父母在指导孩子制订计划时，需要提前告知他，要为当天的安排预留一部分灵活时间。如果计划顺利，他就可以利用这段时间来休息，劳逸结合。只有拥有健康的身体、旺盛的精力才能好好学习。

　　随着年龄的增长，学生的学习任务会越来越重，可供其自由支配的时间也逐渐减少，在这种情况下，更应学会利用和管理好宝贵的时间。

1. 利用零碎时间做有用的事

鲁迅曾经说过："生命是以时间为单位的，浪费别人的时间等于谋财害命，浪费自己的时间等于慢性自杀。"伟大的生物学家达尔文也曾说："我从来不认为半小时的时间是微不足道的。"零碎时间主要分布在等车、坐车、饭后休息、步行路上等候。它们的时长各不相同，等车大约15~20分钟，可以背背单词、原地跑步锻炼、阅读学习资料；坐车大约1个小时以上，可以听英语听力、看书；饭后15分钟，可以准备学习计划等。如果把每天的零碎时间合在一起，也是一段不短的时间，善于利用它们，我们可用的时间就比别人多。而高效率是时间管理的原则，一天当中，我们的大部分时间是去处理影响重大的事情。因此，"挤"时间与节省时间的方法便是科学利用零碎时间，而利用思维导图可以帮助我们充分了解和利用零碎时间。

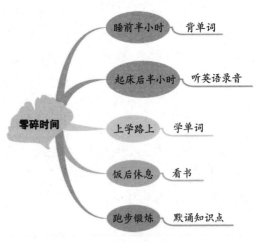

图 5.5　零碎时间利用思维导图

2. 找准适合自己的最佳学习时间

有的人晚上超过 10 点睡觉，第二天精神状态就很差；有的人则习惯熬夜做题、看书，而且第二天的精神很好。每个人的生物钟都不一样。当我们感觉注意力开始不集中或出现疲劳时，最好适当休息；如果勉强打起精神继续学习，只会得不偿失。

经过长期合理的实践，我们就可以确定自己学习的最佳时间，形成习惯后，生物钟就会变得有规律，哪个时间段该做什么、不该做什么，我们都会心里有数。在头脑注意力最集中的时候，也是记忆力最佳的时候，适合背诵课文、默写单词等。这个状态过去后，如果仍有精力学习，我们可以阅读、浏览、整理资料等，出现疲倦后再适当休息。

图 5.6　最佳学习时间导图

3. 学会制作学习时间表

有了思维导图时间表，能让我们每天的时间井然有序。制作学习时间表需要注意以下问题：

（1）给学习时间分段。为了能够进入学习状态，在制作学习时间表时，应尽量将时间控制在 2 ~ 4 小时，这段时间里大脑的注意力高度集中，学习效率会更高，适合处理一些难度较大的课程。

（2）细分任务。如果我们制订的是月计划、周计划，在时间方面就要根据学习目标来分配每天的任务。比如，每周要完成 15 篇文言文阅读理解，那么具体到每天应该完成多少篇，在什么时间段完成，不要把时间挤在一起。

（3）平衡学科任务。在一段较长的学习时间里，尽量安排 2 ~ 3 种学习任务，这样不容易出现倦怠。如果是考试期间，可以按照自己的学习情况，重点复习短板的学科。

（4）休息时间不可忘。我们不是机器人，不能没完没了地学习、工作，劳逸结合会让我们的状态更好。

（5）时间表的美观。色彩丰富的学习时间表除了能让我们心情愉悦外，还能突出重点，有助于我们更好地完成任务。

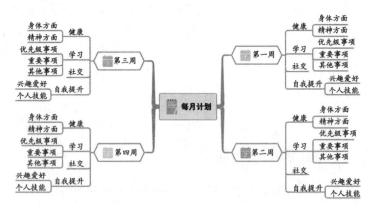

图 5.7　每月计划思维导图

第三节　思维导图日记

1. 思维导图日记的优点

日记，作为一种文体，记录着我们一天的所见所闻。上学的时候，语文老师经常会要求我们写日记或者周记，甚至高考也会出现日记形式的作文。如果经常写日记，我们的写作水平和观察能力都会得到锻炼和提高。但这种传统的日记形式也有它的不足之处，那就是若想从中寻找某个特定的记忆片段，面对密密麻麻的文字，提取信息是一件很麻烦的事情。这时我们不妨尝试一下用思维导图来绘制日记。

思维导图日记不受传统日记严格的时间、条件限制，可以根据个人的需求来管理时间和安排事务，并且能够对过往有着重大意义的事件、思想、情感进行回顾。作为传统日记的提纲，它是收集写作材料、理清写作思路的实用工具。

思维导图日记在形式上也比传统日记更有优势。相对于传统日记单一的文字形式，思维导图以绚丽的色彩和简单的操作博人眼球，包括流畅的曲线、趣味十足的涂鸦，加上关键点的文字，从一个主题将思维发散成无数个点，有着无穷无尽、生生不息的思维创造空间。除了继续沿用传统日记中的文字、数字和逻辑顺序等以外，还可以使用符号、图像、色彩、创意联想等。

如果你本身是一个做事没有计划性和组织性的人，思维导图日记会以其独特的方式来帮助和鼓励你去完成你的计划。它带来的效率和效益，可以让我们重新审视自己的生活，对其有一个全面而细致的了解和掌握。另外，它还能帮助我们总结过去、展望未来，是一个有效的生活管理工具。

另外，思维导图日记不仅可以管理时间，而且是一个人生规划和自我管理的强大工具。它可以真实地反映我们的大脑思维，是对自身生活轨迹的一种外化记录，不管是生活、学习还是工作，凡是具有重大意义的事情都可以用思维导图的方式浓缩在我们整个生命历程中。回顾这种丰富而多彩的思维导图日记，就像观看人生的一帧帧影像片段。

那么，如果要绘制思维导图日记，应该遵循什么原则呢？从理想的角度而言，我们每天可以绘制两幅思维导图日记。一天中的计划安排可以用第一幅思维导图日记清晰地表现出来，如复习、解题、上补习班、外出等；计划的进程和监督则可以用第二幅图来表示，如复习的进度、解题的熟练度、外出是否达成目的等，这些都会变成思维导图的分支，可以帮助我们思考、整理，让计划更有条理性，使自己每天的生活井然有序。当然，如果实在没有时间、精力绘制两幅思维导图，也可以用一张图涵盖当天所有的安排和总结，这正是思维导图的灵活之处。

根据东尼·博赞的总结，思维导图日记有以下优点：

（1）在不断发展的过程中，思维导图将成为一个全面的终身管理工具，让你随时可以安排和记录自己的生活。

（2）思维导图本身非常赏心悦目，当使用者的技术提高后，它会成为更加吸引人的作品。

（3）每年、每月及每日的方案可以使一年的回顾变得轻松易得，因为它使用的是长期的交叉查询与观察方法。

（4）思维导图日记把每件事都放在你一生的背景中加以考察。

（5）思维导图日记提供了一个几乎完整的、外化的人生记忆核。

（6）它能让你控制生活中一些重要的方面。

（7）可以鼓励你主动地进行自我开发，并让你实现最终的成功。

（8）能让你迅速获取信息。

（9）思维导图日记在视觉上的刺激性，鼓励你不断地使用它。

2. 实际应用

从形式上来说，日记一般分为生活日记、观察日记和随感日记3种。生活日记是指真实记录一天的生活；观察日记是指将日常生活中的某一个侧面，通过针对性的、细致的观察，把它们用文字记录下来；随感日记是指针对生活中的某件事、某篇文章、某本书发表自己的感想。

（1）生活日记

日记的篇幅是有限的，而生活中的事情却是烦琐的，因此要先确定中心主旨，再围绕主旨展开内容。我们用思维导图绘制日记时，在确定好中心主旨后，还要注意以下4点：

①真实性。只有内容真实，才有回顾和参考的价值。而生活是多面的，只要细心地观察周围的人和事，你就会发现，无论是家庭、学校，还是社会，都有着丰富的、值得记录的片段。

②选择性。写生活日记的时候，我们要注意一个关键问题：不能把它写成一篇流水账，要有选择地把印象深刻、有意义的事情记录下来。

③逻辑性。思维导图日记强调逻辑性，每一句话、每一个关键词都要在相对应的分支上，不能东一处西一处，使日记看起来杂乱无章。

④简洁性。语言要通顺、简明扼要，能准确表达日记的思想内容。

下面我们以"我的生日"为例，绘制一篇思维导图日记：

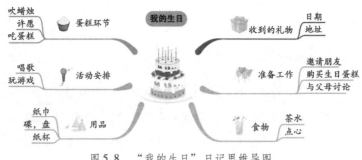

图5.8 "我的生日"日记思维导图

（2）观察日记

观察日记相当于记叙文，具有强烈的目的性，无论是山川地貌、奇闻景观，还是动、植物生长，都要通过细致的观察，记录其零碎片段，所以不必过于讲求文章的结构，观察日记的作用主要是培养我们的观察能力和语言表达能力。

利用思维导图写观察日记时，应注意以下4点：

①目的明确。写观察日记要明确写作目的，有的人是为了进行科学实验；有的人是为了积累素材；有的人是为了弄清事物的原理。同一个事物，目的不同，观察的方法和角度就不同，所以我们要认清自己的目的。

②观察细致。观察日记，重在"观察"二字，所以对事物必须看清楚、看仔细，抓住事物的特点、规律和本质。

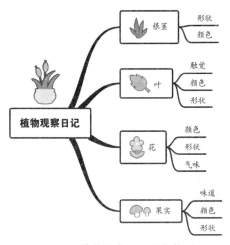

图 5.9　植物观察日记思维导图

③观察顺序。对观察的事物或者场景，可以采取从上到下、从前到后、从外部到内部等空间顺序进行观察。如果观察的是一个过程，则可以按照先后顺序或逻辑顺序来观察。

④语言准确。观察日记讲求科学性，因此在思维导图上填写特征、数据时要做到准确无误。

（3）随感日记

随感日记的形式以议论为主，叙述部分也是为了议论，有时整篇日记都是写自己的感受。

①重点要写"感"：随感，就是自己的感想，因此重点应该放在感悟上，内容或者过程无须作为重点来叙述。

②联系实际：写随感日记不能脱离自己的思想实际，空发议论，只有联系自己的实际才能写出真情实感。

③真情实感：有的同学写感受时，喜欢用表决心或空喊口号的形式来代替感受，这样就显得不真实了，我们应该表达自己的真情实感，心里怎么想的就怎么写出来，真诚地面对自己。

第六章　伴你成长
——思维导图可以帮助学生以积极的态度面对挫折

在学习过程中，我们难免会遇到一些挫折，产生不良情绪。这个时候，摆脱不良情绪有助于将学习顺利进行下去，并可以给我们带来好的心境。思维导图可以让我们聚焦于自己失败的经历，分析挫折出现的原因和过程，并展开自我分析，认识自身的不足，为自己的提升方向设定一个明确的目标，有针对性地解决问题。

第一节　笑对成败，自我成长

一直以来，考试成绩是衡量一个学生的关键标准，分数的高低关系到升学，很多家长甚至直接将其与孩子的未来和前途挂钩。以中、高考来说，它们的形式十分规范，同一个考区的试卷是相同的，在设置统一录取分数线的情况下，考生的总成绩会被严格量化，有时一分之差，就有可能与梦寐以求的学校失之交臂。

对于很多学生和家长来说，升学考试就像千军万马过独木桥，会对我们造成巨大的心理压力，特别是高考，一旦被挤下来，考生在精神上会遭受严重的打击。但是，千万不要因此丧失信心，或者停下前进的步伐，我们在人生旅途上要面临的考验有很多，升学考试只是其中一个，所以不要用孤注一掷的心态去对待，即使考试失利，也不代表我们的人生就是失败的，它只是我们人生中的一个转折点。

有的学生想到高考，首先想到的不是高考本身，而是想到自己的前途、父母的期望、亲朋好友的眼光等，还没考试就给自己很多负面的心理暗示，导致考试状态不佳，成绩不够理想。所以，面对升学考试，我们需要摈弃"瓦伦达心态"。美国有一个著名的杂技表演者，名叫瓦伦达，他的特长是高空走钢索。在一次表演中，他不幸失足身亡。事后，瓦伦达的妻子告诉人们，她早有预感这次表演会失败，因为在上场前，瓦伦达便一个劲儿地念叨着"我不能失败，这次表演很重要"等话语。要知道，瓦伦达成名的原因正是因为他多次心无杂念地完成了高难度的走钢索表演，以前的演出他从不去想除了走钢索以外的事情，但就这么一次没把握好心态，他便付出了生命的代价。后来，心理学家把这种患得患失的心态称为"瓦伦达心态"。

其实，面对重大事件、重大场合，产生焦虑感是很正常的事情，适度的焦虑感也许会帮助我们保持警觉、集中大脑的注意力，但焦虑过度便会产生副作用，如紧张恐惧、心悸失眠等。这个时候，除了需要父母、朋友的鼓励外，也要学会自己鼓励自己。这时思维导图亦能派上用场，它虽然不能替我们解决心理问题，但我们可以通过绘制的过程适当地舒缓紧张的情绪。

自我鼓励，无非就是一种心理暗示，有的人会在口头上给自己鼓劲、打气，若积极的语言暗示也排遣不了紧张或消极的情绪，不妨将它们写下来或者用思维导图画出来，一天看个两三遍，在视觉和心理暗示的双重作用下，我们的心理会渐渐地获得平静和鼓舞，驱散那些萦绕在大脑中的悲观和沮丧，同时思维导图的逻辑性也可以帮助我们保持理智状态。

如果经过努力，考试结果依然不如意，在心态上更不应该沮丧，而应越挫越勇，重新出发。考试结束代表的只是一个阶段的完结，前方等待你的还有很多新的挑战和选择。

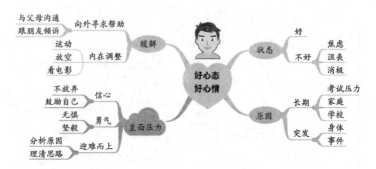

图 6.1　利用思维导图排解压力

　　不同的大学之间，在教学水平和师资力量上确实会有一定的差距，但无论是一流学校还是稍差一些的学校都能提供一个关键的条件，就是 3～4 年的独立学习时间。无论你在什么样的学校，只要好好把握住这几年时间，努力学习，不断提升自己，总会有所回报。通往成功的道路是漫长的，起点的高低并不能决定终点。下面是一个真实的案例：

　　高中时，小瑜是个不起眼的学生，年级排名时，名列前茅的都是那几个尖子生，学霸的光环从未在她的身上出现过，高考结束后她也只是考上了一所中等的本科学校。直到高中毕业 12 年后，在一次同学聚会上，有人提起了小瑜，聊起她现在的状况，大家都惊呆了。这个不曾引人注目的女生，现在是一所重点大学的特聘教授。打开那所大学的官网，在教师介绍页面可以找到小瑜年轻的身影，原来她在大学毕业后没有选择就业，而是继续深造。她用大学 4 年取得了学士学位，再用 8 年时间分别取得了硕士和博士学位。在攻读博士期间，她发表了多篇有国际影响力的

SCI 论文，成为各大高校争相聘请的高级科研人才，实现了一个普通学生的华丽逆袭。

小瑜作为优秀校友回到母校演讲时，提到了思维导图对她学习上的帮助，她是在大学的时候接触到了思维导图。她说，思维导图对于思维的发散性、联想性和条理性，使她在学习、工作和生活上都获益良多。诚然，思维导图作为一种辅助工具确实对小瑜的成功起到了一定的作用，不过，最重要的是小瑜拥有一颗积极向上的进取心。虽然她没有考上名牌大学，但脚踏实地地付诸行动，为自己构建了一条更为宽广、光明的人生道路。

学习是无止境的，即使离开学校参加工作，仍然要不断学习，汲取新的知识，这样才能适应时代和社会的发展。在生活和工作中，我们依然可以灵活运用思维导图，养成将事情或者目标写下来的习惯，无论做什么，都先在思维导图上进行缜密的分析，让自己做事更有计划性。

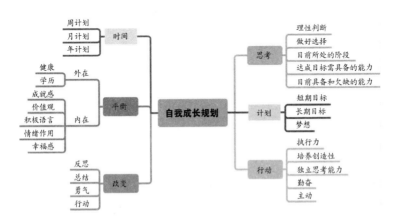

图 6.2　自我成长规划思维导图

第二节　突破自我，迎难而上

很多时候，面对暂时解决不了的问题，我们容易采取逃避、拖延的态度，久而久之，当拖延成为习惯的时候，即使是一些微不足道的问题也会成为拖延的借口，导致解决问题的效率降低，引发更多的问题。这时，我们就应该行动起来，突破自我，战胜拖延。

突破自我，很大程度上是克服自身的惰性，增强意志力，战胜困难。高中语文课本收录了一篇朱光潜的文章，名为《朝抵抗力最大的路径走》。作者从自身的失败教训进行分析，认为人要想有所成就，必须发挥主观能动性，朝抵抗力最大的路径走。这实际上就是鼓励我们用意志力克服惰性，迎难而上。因为好逸恶劳是人的天性，当我们选择逃避一件事时，证明内心对这件事是有抵触情绪的，无论这件事是大是小，是难是易。不过在很多时候，阻碍我们进步的不是困难至极的事，而是生活中的一些小事，但有些事是必须解决、不能拖延的，比如完成作业、冬天早起上学、去医院看病等，应该做而不去做，不仅浪费时间，降低做事效率，还要承受心理上的焦虑。

在一些小事上养成了拖延、逃避习惯的人，面对重大场合、重大任务时，其心理承受能力会更低，这类人往往会有 3 种心理表现：

　　一是不愿接受挑战，事情一旦降临到自己头上，首先想到的便是拒绝，认为自己无法应付；二是恐惧失败，害怕他人评判，害怕自己的不足被人发现；三是不相信自己会成功，质疑自己的能力，或者担忧成功后会面临更多的压力与挑战。

　　以上的心理表现都有一个共同点：不愿走出心理舒适区。这是一种心理模式，待在舒适区里，人们会感到熟悉、安心，而一旦脱离这种模式，就会感到不安、焦虑甚至恐惧。比如，面对新的学习任务、新的工作、新的挑战等，都需要一定的勇气来脱离心理舒适区。因此，跳出心理舒适区，需要从思想和行动上进行突破，思维导图能够在这两方面给予我们一定的帮助。

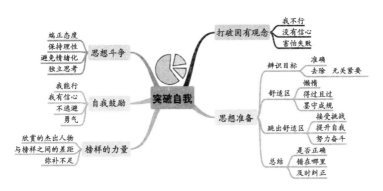

图 6.3　突破自我思维导图

　　我们可以尝试绘制一张关于"突破自我"的思维导图，随身携带。这既是一种自我鼓励，也能在遇事时适当降低逃避、畏难的情绪，说服自己尽量克服困难。

　　当我们真正遇到实际问题时，也可以利用思维导图进行分析，使大脑对事件有一个清晰的脉络，提高解决问题的效率。具体步骤如下：

（1）确定问题。要解决问题，首先要知道存在什么问题，主旨确定后，将其写在纸张的中心，然后根据问题延伸出时间、地点、人物等已知因素，逐步找出问题的根源。

（2）发挥主观能动性。通过独立思考，发散联想，构建多种解决问题的策略和计划，并从中选出一套或几套实施性强的方案。

（3）分析方案。对做好的方案进行预先设想，假设在实践中执行会带来哪些问题，分析每一个可行方案的优劣，以便确定最优方案。

（4）执行方案。确定最佳方案后便可付诸实践。在执行的过程中，很有可能会遇到比设想更多的现实状况，但不必担心，思维导图的灵活性、延展性可以帮助我们迅速调整方案，再次解决问题。

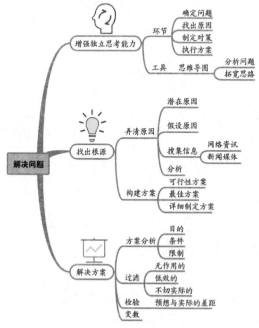

图 6.4　解决问题思维导图

思维导图能够完整地记录事件的来龙去脉，对事后的经验总结很有帮助，日后再遇到类似的问题，处理起来会更加得心应手。最重要的是，运用思维导图解决问题能够增强个人的独立思考能力，训练我们在遇到困难时，第一反应是想办法解决而不是逃避。

要坚信，没有克服不了的困难，只有尚未开启的智慧。我们总会遇到各种突发状况和困难，但只要静下心来，努力寻求解决之道，很多困难都是可以克服的。小至衣食住行，大至发明飞机、登陆月球、探索太空等，只要不停止思考，不放弃努力，梦想便能变成现实。

相反，抱怨和沮丧只会成为我们解决问题的障碍。是逃避不前，让自己成为问题的一部分，还是突破自我，迎难而上，握住问题的主动权，全在于我们自己。

国王的画像

从前有一个戎马半生的国王，因为多次征战，他瞎了一只眼睛，断了一条手臂和一条腿。但他非常要面子，希望自己的容貌能画成画像，悬挂在王宫中，让子孙后代瞻仰。

于是，他花费重金，请来全国最出色的画家。这个画家的绘画技术十分高超，将国王画得跟真人一样栩栩如生，但是国王看了画以后，脸色却很难看，因为画太逼真了，他残缺的肢体非常显眼，这让国王感到颜面扫地，说：“这种画像传给子孙岂不是笑话！”他越想越生气，就把画家的头给砍了。

但他还不罢休，又请来第二个画家。这个画家知道第一个画家的遭遇后非常惶恐，由于害怕被砍头，他不敢如实作画，把国王残缺的肢体都给补全了。当他战战兢兢地把画像呈上去的时候，国王只看了一眼便把画摔了，生气地说："画像里的人根本不是我！"他认为画师犯了欺君之罪，于是又下令将其砍头。

不久，第三个画家被请到了王宫，这是一个年轻的画家。一些大臣不由得议论，真实的画像不行，美化的画像也不行，这个年轻人似乎无路可走了。第三个画师克制住被砍头的恐慌，苦苦思索如何才能将国王画得既不脱离实际又显得仪表堂堂。他绞尽脑汁，忽然脑中灵光一闪，国王是打了半辈子仗的勇士，肯定对各种兵器十分熟练。朝着这个方向思考，他很快就有了对策。几天后，他向国王献上画作，国王一看，顿时连连点头，并且越看越满意，最后重重地赏赐了这个年轻的画家。

国王命人挂起画像后，众人才发现其中的奥秘，第三个画家将国王画成单膝跪地、闭眼瞄准的射箭姿势。虽然只是一幅侧面画像，但画得既传神又威武，把国王残缺的肢体也巧妙地掩盖了。

由此可见，只有摒弃杂念，专注于问题本身，才能突破困境。很多时候，只要我们踏出第一步，不畏困难，便会离解决问题更进一步。"方法总比困难多"这个观点或许不是绝对的，但是我们面对困难时需要怀有这样的心态，这样除了能够增加我们的信心以外，在一定程度上还能激发自身潜能，创新观点，加上思维导图的辅助，更能提高解决问题的效率。

第三节　改变自己，从现在开始

当今社会瞬息万变，新事物、新技术、新思想、新模式层出不穷。随着信息化的快速发展，学生接收的信息量比 10 年前要多数倍甚至数十倍，教学模式也相应地在内容和环节上增加了很多。作为学生，我们在思想和学习方法上也要有所改变，努力适应新的学习环境。

著名作家列夫·托尔斯泰曾经说过："世界上只有两种人，一种是观望者，一种是行动者。"面对大环境，我们能做的只有努力改变，提升自己。因为客观环境和事物不会因为个人的主观意念而有所改变，我们必须主动去认识事物的发展规律和特性，相应调整自己的思维模式和行为模式。如果一味地固执己见，仅凭主观臆断去做事，很容易得出错误的结论，最后徒劳无功。

牛皮地毯

很久以前，在鞋子还没被发明出来时，人们只能忍受磨脚和扎伤的疼痛赤脚走在路上。在遥远的古代，有个热爱游玩的国王也为此烦恼不已。一个爱阿谀逢迎的大臣为了取悦国王，将城堡的每一处都铺满了用牛皮做的地毯。国王踩在柔软舒适的地毯上，感到前所未有的舒适，于是下令在全国各地都铺上牛皮，这样不管他到哪里游玩，都不用担心脚被扎伤了。

大臣们听了这个命令，都觉得一筹莫展，因为即使将全国所有的牛都宰杀殆尽，得到的牛皮也铺不满全国的道路。正当大臣们千方百计地想让国王取消这个计划时，有一个足智多谋的大臣想出了一个好主意，他建议国王将牛皮包裹在双脚上，然后用绳子绑紧，固定好牛皮，这样，不管国王走到哪里，都不必再忍受磨脚的痛苦。

国王觉得很有道理，根据他的方法用牛皮裹脚后，确实感到同样舒适，于是取消了那个不切实际的命令。这也是鞋子的雏形。

一块小小的牛皮，却起到了比全国的牛皮更好的效果。这是因为一个从实际出发，改变自身；一个脱离现实，劳民伤财。由此可以知道，我们改变不了环境，但是可以通过改变自己来适应环境。

在这一点上，我们可以利用思维导图，根据实际情况列出自身存在的一些问题以及需要改善和调整的方面，对内在自我进行一个全面、综合的评估。这个思维导图的优点是，它可以一直伴随我们成长，无论遇到什么问题，都能及时记录下来，从自身开始，寻求改变。

在日新月异的现代社会，思维导图是我们的终身良伴，其强大的辅助能力使我们在学习、工作和生活中获益良多。及早地接触思维导图，就能比别人先一步开发大脑潜能，提高学习效率、

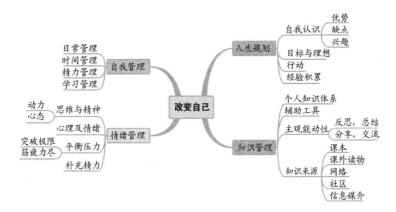

图 6.5 改变自我思维导图

增强记忆力、取得好成绩都不再是难题。踏入思维导图的世界，就等于踏入了一个缤纷多彩的乐园，让我们的学习之旅充满乐趣，不再枯燥。